Impressum
Verlag: BABADADA GmbH, Nedderfeld 112 , 22529 Hamburg
Geschäftsführer / Verlagsleitung: Harald Hof
Druck: Books on Demand GmbH, In de Tarpen 42, 22848 Norderstedt

Imprint
Publisher: BABADADA GmbH, Nedderfeld 112 , 22529 Hamburg, Germany
Managing Director / Publishing direction: Harald Hof
Print: Books on Demand GmbH, In de Tarpen 42, 22848 Norderstedt

ကျောင်း
colegio

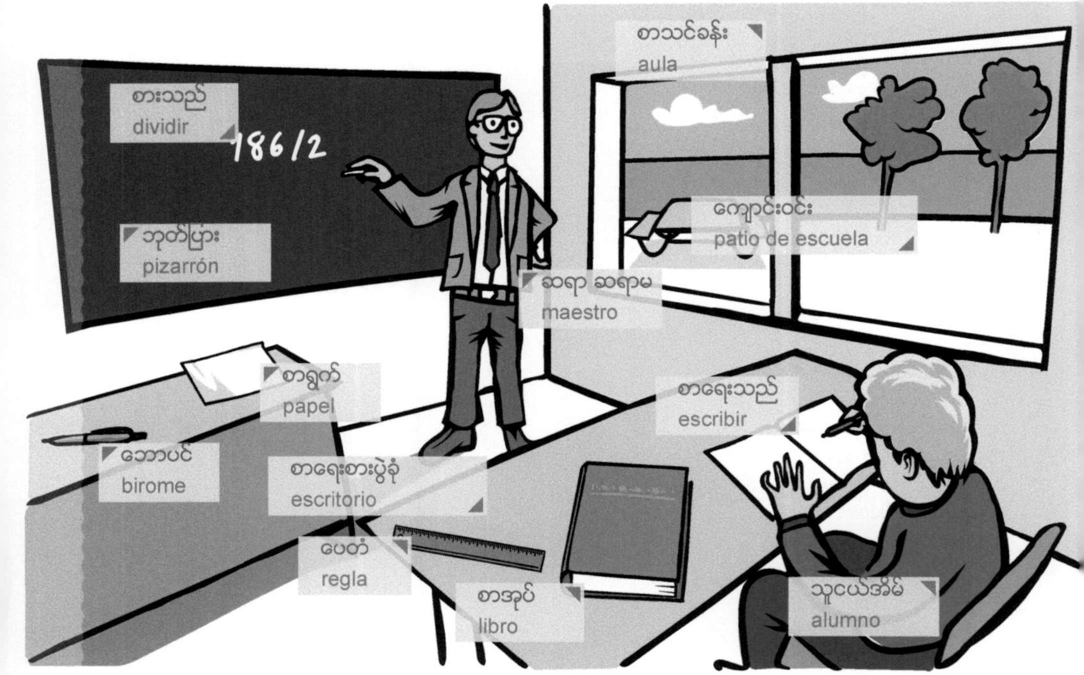
စာသင်ခန်း
aula
စားသည်
dividir
186/2
ကျောင်းဝင်း
patio de escuela
ဘုတ်ပြား
pizarrón
ဆရာ ဆရာမ
maestro
စာရွက်
papel
စာရေးသည်
escribir
ဘောပင်
birome
စာရေးစားပွဲခုံ
escritorio
ပေတံ
regla
စာအုပ်
libro
သူငယ်အိမ်
alumno

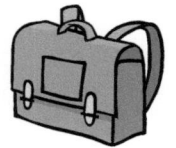

အဖုံးပါ ဘေးလွယ်အိတ်

mochila

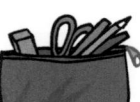

ခဲတံဘူး

caja de lápices

ခဲတံ

lápiz

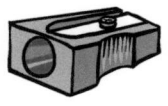

ချွန်စက်

sacapuntas

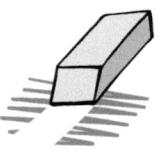

ခဲဖျက်

goma (de borrar)

ပုံဆွဲစာအုပ်

bloc de dibujo

ပုံဆွဲခြင်း

dibujo

ဆေးခြယ်သည့် စုပ်တံ

pincel

အရောင်စုံ ဗူး

caja de pinturas

ကပ်ကြေး

tijera

ကော်

pegamento

လေ့ကျင့်ခန်းစာအုပ်

cuaderno de ejercicios

အိမ်စာ

tarea

12

နံပါတ်

número

2+2

ပေါင်းသည်

sumar

5−2

နုတ်သည်

restar

2×2

မြှောက်သည်

multiplicar

တွက်ပါ

calcular

A

စာ

letra

ABCDEFG
HIJKLMN
OPQRSTU
VWXYZ

အက္ခရာ

abecedario

hello

စကားလုံး

palabra

ဖတ်စာအုပ်

texto

ဖတ်သည်

leer

မြေဖြူ

tiza

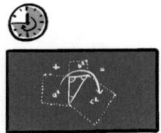

သင်ခန်းစာ

lección

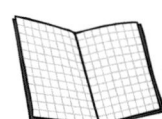

ကျောင်းခေါ်ချိန်
မှတ်တမ်းစာအုပ်

cuaderno de clase

စာမေးပွဲ

examen

အထောက်အထားလက်မှတ်

certificado

ကျောင်းဝတ်စုံ

uniforme escolar

ပညာရေး

educación

စွယ်စုံကျမ်း

enciclopedia

တက္ကသိုလ်

universidad

အနုကြည့်မှန်ပြောင်း

microscopio

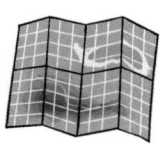

မြေပုံ

mapa

အမှိုက်စွန့်ပုံး

tacho (de basura)

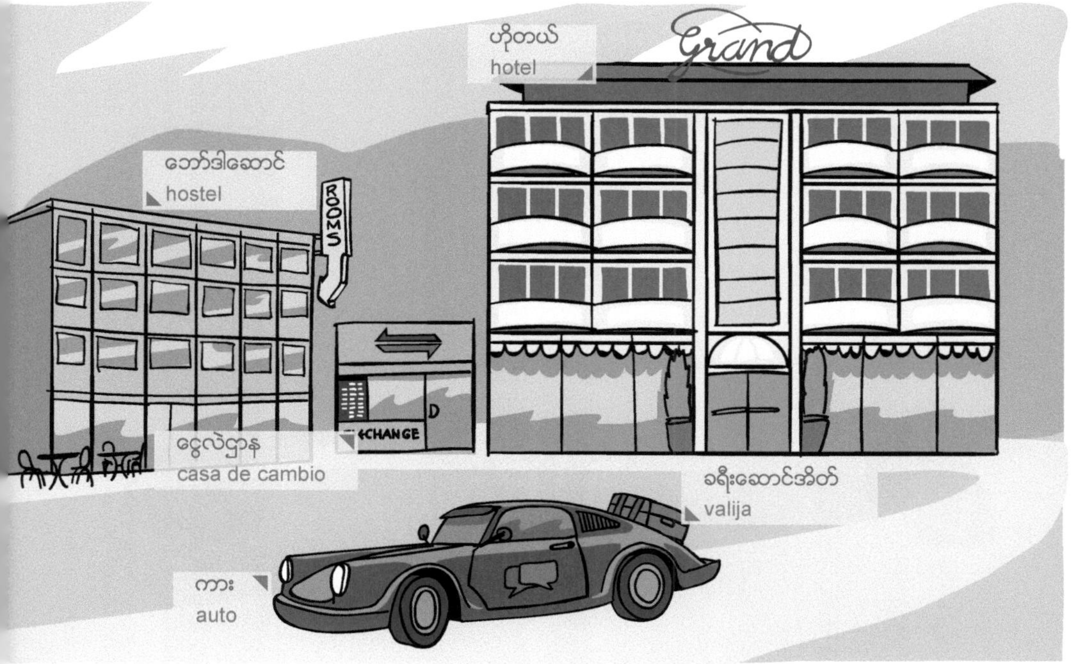

Grand
ဟိုတယ်
hotel
ဘော်ဒါဆောင်
hostel
ROOMS
ငွေလဲဌာန
casa de cambio
ခရီးဆောင်အိတ်
valija
ကား
auto

ဘာသာစကား
idioma

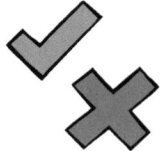

မှန် / မှား
sí / no

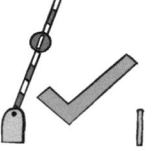

အိုကေ
Está bien

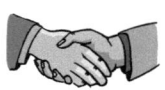

ဟယ်လို
hola

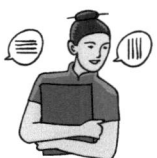

ဘာသာပြန်
traductor

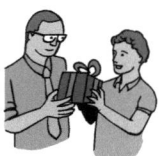

ကျေးဇူးတင်ပါတယ်
Gracias

......က ဘယ်လောက်လဲ။

¿cuánto cuesta…?

ကျွန်ုပ် နားမလည်ဘူး

No entiendo

ပြဿနာ

problema

မင်္ဂလာ ညနေခင်းပါ။

¡Buenas tardes!

မင်္ဂလာ နံနက်ခင်းပါ။

¡Buenos días!

မင်္ဂလာ ညပါ။

¡Buenas noches!

ဘိုင်းဘိုင်

adiós

ဦးတည်ရာ

dirección

ခရီးဆောင်သေတ္တာ

equipaje

အိတ်

bolso

ကျောပိုးအိတ်

mochila

ဧည့်သည်

invitado

အခန်း

habitación

တစ်ကိုယ်စာအိပ်ယာလိပ်

bolsa de dormir

ရွက်ထည်တဲ

carpa

ခရီးသွားဧည့်သည်အတွက်
သတင်းအချက်အလက်

información turística

ကမ်းခြေ

playa

အကြွေးဝယ်ကတ်

tarjeta de crédito

နံနက်စာ

desayuno

နေ့လည်စာ

almuerzo

ညစာ

cena

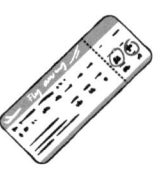

လက်မှတ်

pasaje

ဓာတ်လှေကား

ascensor

တံဆိပ်ခေါင်း

sello

နယ်စပ်

frontera

အခွန်များ

aduana

သံရုံး

embajada

ဗီဇာ

visa

နိုင်ငံကူးလက်မှတ်

pasaporte

ခရီးသွားသည် - viaje

သယ်ယူပို့ဆောင်ရေး

transporte

လေယာဉ်ပျံ
avión

သင်္ဘော
barco

မီးသတ်ကား
autobomba

ဘတ်စ်ကား
colectivo

ထရပ်ကား
camión

မော်တော်ဘုတ်
lancha a motor

စက်ဘီး
bicicleta

ကား
auto

ဖယ်ရီသင်္ဘော
....
ferry

လှေ
....
bote

မော်တော်ဆိုက်ကယ်
....
moto

ရဲကား
....
patrullero

ပြိုင်ကား
....
auto de carreras

စင်းလုံးငှားကား
....
auto de alquiler

ကားဝေမျှသုံးစွဲခြင်း

alquiler de autos

ပျက်နေသော ထရပ်ကား

grúa

အမှိုက်သယ်ယာဉ်

camión de basura

မော်တာ

motor

လောင်စာ

nafta

ဓါတ်ဆီဆိုင်

estación de servicio

လမ်းကြောပြ ဆိုင်းဘုတ်

señal de tránsito

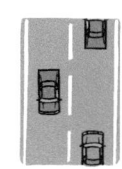

ယာဉ်အသွားအလာ

tránsito

လမ်းကြောပိတ်ဆို့မှု

embotellamiento

ကားရပ်နားရာနေရာ

estacionamiento

ရထားဘူတာရုံ

estación de tren

လမ်းကြောင်းများ

vías

ရထား

tren

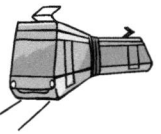

ဓါတ်ရထား

tranvía

ရထားလုံး

vagón

ဟယ်လီကော်ပီတာ

helicóptero

လေဆိပ်

aeropuerto

တာဝါ

torre

ခရီးသည်

pasajero

ထည့်စရာပုံး

contenedor

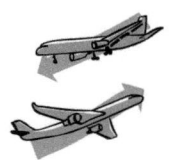

ကတ်ထူပုံး

caja de cartón

လှည်း

carretilla

ခြင်း

canasta

ထွက်ခွာ / ဆိုက်ရောက်

despegar / aterrizar

မြို့တော်

ciudad

ကျေးရွာ

pueblo

မြို့လယ်ခေါင်

centro de ciudad

အိမ်

casa

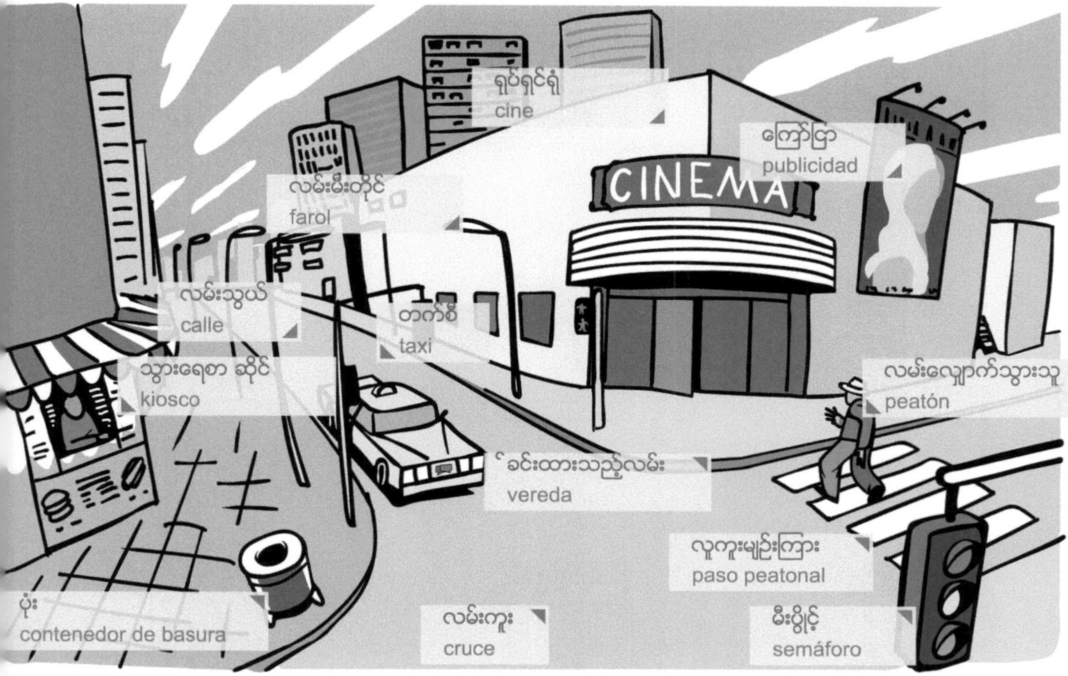

ရုပ်ရှင်ရုံ
cine
ကြော်ငြာ
publicidad
CINEMA
လမ်းမီးတိုင်
farol
လမ်းသွယ်
calle
တက္ကစီ
taxi
သွားရေစာ ဆိုင်
kiosco
လမ်းလျှောက်သွားသူ
peatón
ခင်းထားသည့်လမ်း
vereda
လူကူးမျဉ်းကြား
paso peatonal
ပုံး
contenedor de basura
လမ်းကူး
cruce
မီးပွိုင့်
semáforo

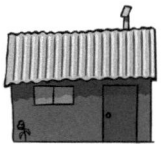

တဲအိမ်

cabaña

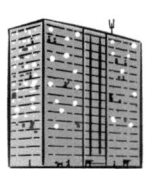

နေအိမ်ခန်း

departamento

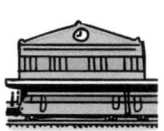

ရထားဘူတာရုံ

estación de tren

မြို့တော်ခန်းမ

municipalidad

MUSEUM

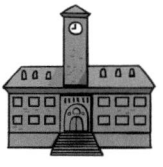

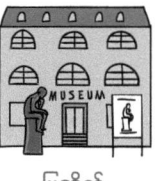

ပြတိုက်

museo

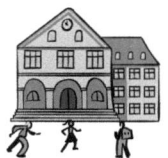

ကျောင်း

colegio

တက္ကသိုလ်

universidad

ဘဏ်

banco

ဆေးရုံ

hospital

ဟိုတယ်

hotel

ဆေးဆိုင်

farmacia

ရုံးခန်း

oficina

စာအုပ်ဆိုင်

librería

ဆိုင်

negocio

ပန်းရောင်းသူ၏

florería

စူပါမားကတ်

supermercado

ဈေး

mercado

ပစ္စည်းမျိုးစုံရောင်းသည့်
စတိုးဆိုင်ကြီး

grandes tiendas

ငါးရောင်းသူ၏

pescadería

ဈေးဝယ်စင်တာ

centro comercial

သင်္ဘောဆိပ်

puerto

အနားယူပန်းခြံ
parque

ထိုင်ခုံတန်း
banco

တံတား
puente

လှေကားထစ်များ
escaleras

မြေအောက်
subte

ဥမင်လှိုင်ခေါင်း
túnel

ဘတ်စ်ကားမှတ်တိုင်
parada del colectivo

ဘား
bar

စားသောက်ဆိုင်
restaurante

စာတိုက်သေတ္တာ
buzón

လမ်းဆိုင်းဘုတ်
letrero

ကားရပ်နားခ ကောက်ခံသည့် မီတာ
parquímetro

တိရိစ္ဆာန်ရုံ
zoológico

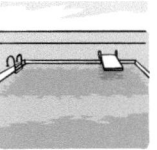
ရေကူးကန်
pileta

ဗလီ
mezquita

လယ်ယာ
granja

ညစ်ညမ်းမှု
contaminación

သချိုင်းကုန်း
cementerio

ဘုရားရှိခိုးကျောင်း
iglesia

ကစားကွင်း
juegos infantiles

ဘုရားကျောင်း
templo

ရှုခင်း

paisaje

- သစ်ရွက် / hoja
- ဆိုင်းဘုတ် / poste indicador
- လမ်း / camino
- မြက်ခင်း / pradera
- ကျောက်တုံး / piedra
- တောင်တက်သမား / excursionista
- သစ်ပင် / árbol
- မြစ် / río
- မြက် / hierba
- ပန်း / flor

တောင်ကြား

valle

တောင်ကုန်း

montaña

ရေကန်

lago

သစ်တော

bosque

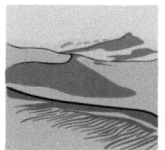

သဲကန္တာရ

desierto

မီးတောင်

volcán

ရဲတိုက်

castillo

သက်တန့်

arco iris

မှို

champiñón

ထန်းပင်

palmera

ခြင်

mosquito

ယင်သန်းသည်

mosca

ပုရွက်ဆိတ်

hormiga

ပျား

abeja

ပင့်ကူ

araña

ပိုးတောင်မာ

escarabajo

ဖား

rana

ရှဉ့်

ardilla

ဖြူကောင်

erizo

ယုန်

liebre

ဇီးကွက်

lechuza

ငှက်

pájaro

ငန်း

cisne

တောဝက်

jabalí

သမင်

ciervo

ချိုပြားဒရယ်

alce

ဆည်

presa

လေအားသုံး
လျှပ်စစ်ဓာတ်အားပေးစက်

aerogenerador

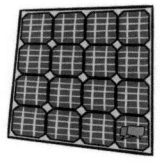

နေရောင်ခြည်ခံပြား

panel solar

ရာသီဥတု

clima

စားပွဲထိုး
mozo

မီနူး
menú

ထိုင်ခုံ
silla

ဟင်းချို
sopa

ပီဇာ
pizza

ဇွန်းခက်ရင်း
cubiertos

စားပွဲခင်း
mantel

ပထမဆုံး စားသည့် အစာ

entrada

ပင်မ အစာ

plato principal

အချိုပွဲ

postre

သောက်စရာများ

bebidas

အစားအစာ

comida

ပုလင်း

botella

အသင့်ပြင်ပြီးသား အစားအစာ

comida rápida

လမ်းဘေးအစားအစာ

comida callejera

လက်ဖက်ရည်အိုး သို့မဟုတ် ရေနွေးကြမ်းအိုး

tetera

သကြားအိုး

azucarera

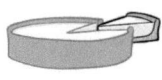

တစ်ယောက်စာ

porción

အက်စပရက်ဆို ကော်ဖီစက်

cafetera expreso

ထိုင်ခုံအမြင့်

sillita alta

ငွေတောင်းခံလွှာ

cuenta

ပန်း

bandeja

ဓါး

cuchillo

ခက်ရင်း

tenedor

ဇွန်း

cuchara

လက်ဖက်ရည်ဇွန်း

cucharita

လက်သုတ်ပုဝါ

servilleta

ရေသောက်ဖန်ခွက်

vaso

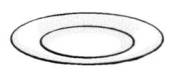

ပန်းကန်ပြား

plato

ဟင်းချို၊ပန်းကန်ပြား

plato hondo

ပန်းကန်ပြား

plato

ဆော့စ်

salsa

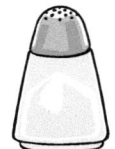

ဆားအိုး

salero

ငရုတ်ကောင်း ချေစက်

molinillo de pimienta

ရှာလကာရည်

vinagre

ဆီ

aceite

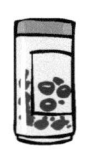

ဟင်းခတ်အမွှေးအကြိုင်

especias

ခရမ်းချဉ်သီးဆော့စ်

kétchup

မုန်ညင်းဆီဆော့စ်

mostaza

မယိုးနိစ်

mayonesa

စူပါမားကတ်

supermercado

အထူးကမ်းလှမ်းချက်
oferta especial
FOR
ဖောက်သည် သို့မဟုတ် ဈေးဝယ်သူ
cliente
နို့ထွက်ပစ္စည်း
lácteos
သစ်သီး
fruta
ထရော်လီလှည်း
changuito

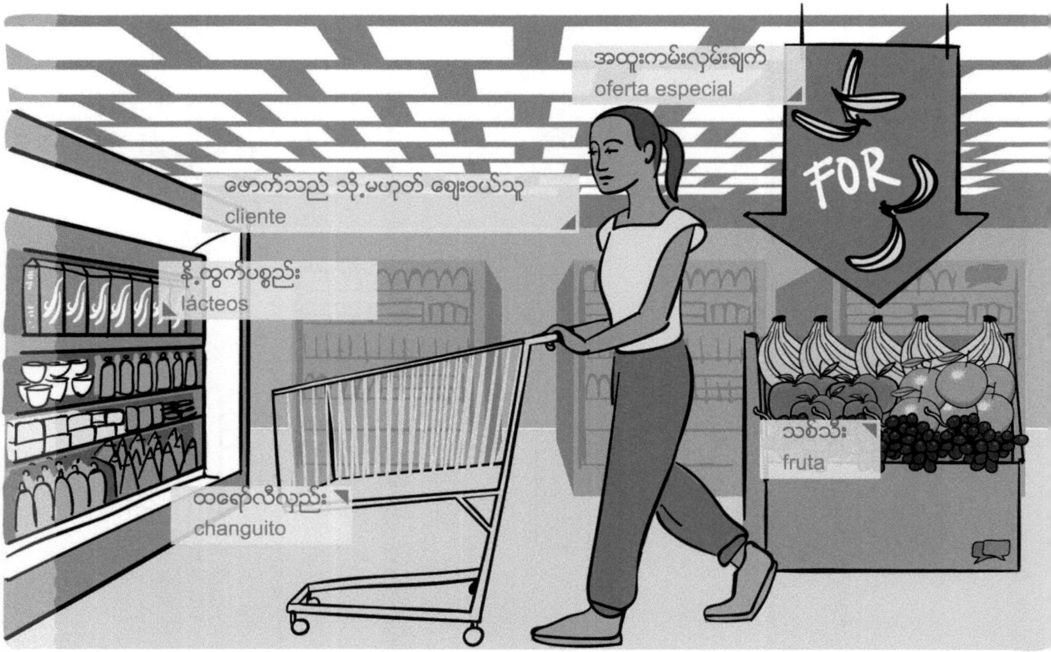

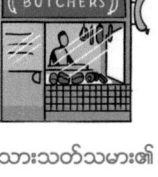

BUTCHERS

သားသတ်သမား၏

carnicería

BAKERY

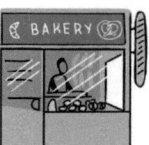

မုန့်ဖုတ်သမား၏

panadería

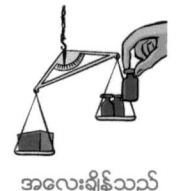

အလေးချိန်သည်

pesar

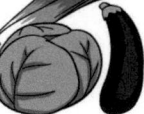

ဟင်းသီးဟင်းရွက်

verduras

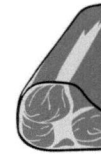

အသား

carne

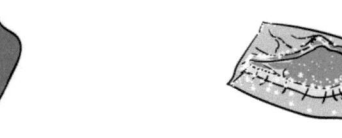

အေးခဲထားသည့် အစားအစာ

alimentos congelados

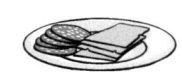

ပြုပြင်ဆင်ထားသော အသားအေး

fiambres

သံဗူးသွပ် အစားအစာ

alimentos enlatados

ဆပ်ပြာမှုန့်

detergente en polvo

သကြားလုံးများ

golosinas

အိမ်သုံး ပစ္စည်းများ

electrodomésticos

သန့်ရှင်းရေး ပစ္စည်းများ

productos de limpieza

ဈေးရောင်းသူ

vendedora

အထိ

caja

ငွေကိုင်

cajero

ဈေးဝယ်စာရင်း

lista de compras

ဖွင့်ချိန်နာရီများ

horario de atención

အိတ်ဆောင် ပိုက်ဆံအိတ်

billetera

အကြွေဝယ်ကတ်

tarjeta de crédito

အိတ်

cartera

ပလတ်စတစ်အိတ်

bolsa de plástico

ရေ

agua

သစ်သီးဖျော်ရည်

jugo

နွားနို့

leche

ကိုကာကိုလာ

bebida cola

ဝိုင်

vino

ဘီယာ

cerveza

အရက်

alcohol

ကိုကိုးမှုန့်

cacao

လက်ဖက်ရည် သို့ မဟုတ်
ရေနွေးကြမ်း

té

ကော်ဖီ

café

အက်စ်ပရက်ဆို ကော်ဖီ

café expreso

ကပူချီနိုကော်ဖီ

cappuccino

ငှက်ပျောသီး

banana

ပန်းသီး

manzana

လိမ္မော်သီး

naranja

ဖရဲသီးမျိုးဝင်

melón

သံပုရိုသီး

limón

မုန်လာဥနီ

zanahoria

ကြက်သွန်ဖြူ

ajo

မျှစ်

bambú

ကြက်သွန်နီ

cebolla

မှို

champiñón

ပဲစေ့များ

nueces

ခေါက်ဆွဲ

fideos

စပါဂတီ ခေါ် အီတလီ ခေါက်ဆွဲ
....
tallarines

ထမင်း
....
arroz

ဆလပ်ရွက်သုတ်
....
ensalada

အကြွပ်ကြော်များ
....
papas fritas

အာလူးကြော်
....
papas fritas

ပီဇာ
....
pizza

ဟမ်ဘာဂါ
....
hamburguesa

အသားညှပ်ပေါင်မုန့်
....
sándwich

ကတ်တလိပ်
....
churrasco

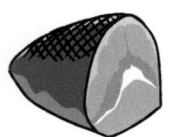

ဝက်ပေါင်ခြောက်
....
jamón

ဆလာမီ
....
salame

ဝက်အူချောင်း
....
salchicha

ကြက်သား
....
pollo

ရှို့ဖ်လုပ်ခြင်း
....
asado

ငါး
....
pescado

ကွေကာအုတ်

copos de avena

မျိုးစလီ

muesli

ပြောင်းစွဲပြား

copos de maíz

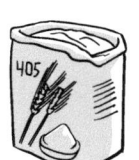

ဂျုံမုန့်

harina

ခရာဆွန်း ခေါ်
ပြင်သစ်ပေါင်မုန့်တစ်မျိုး

medialuna

ပေါင်မုန့်လိပ်

pancito

ပေါင်မုန့်

pan

ပေါင်မုန့်မီးကင်

tostada

ဘီစကစ်

galletitas

ထောပတ်

manteca

ဒိန်ခဲ

cuajada

ကိတ်မုန့်

torta

ဥ

huevo

ဥကြော်

huevo frito

ချိစ်

queso

ရေခဲမုန့်

helado

သကြား

azúcar

ပျားရည်

miel

ယို

mermelada

ယိုသုတ်စားသည့် ချောကလက်

pasta de chocolate

ဟင်း

curry

လယ်ယာ

granja

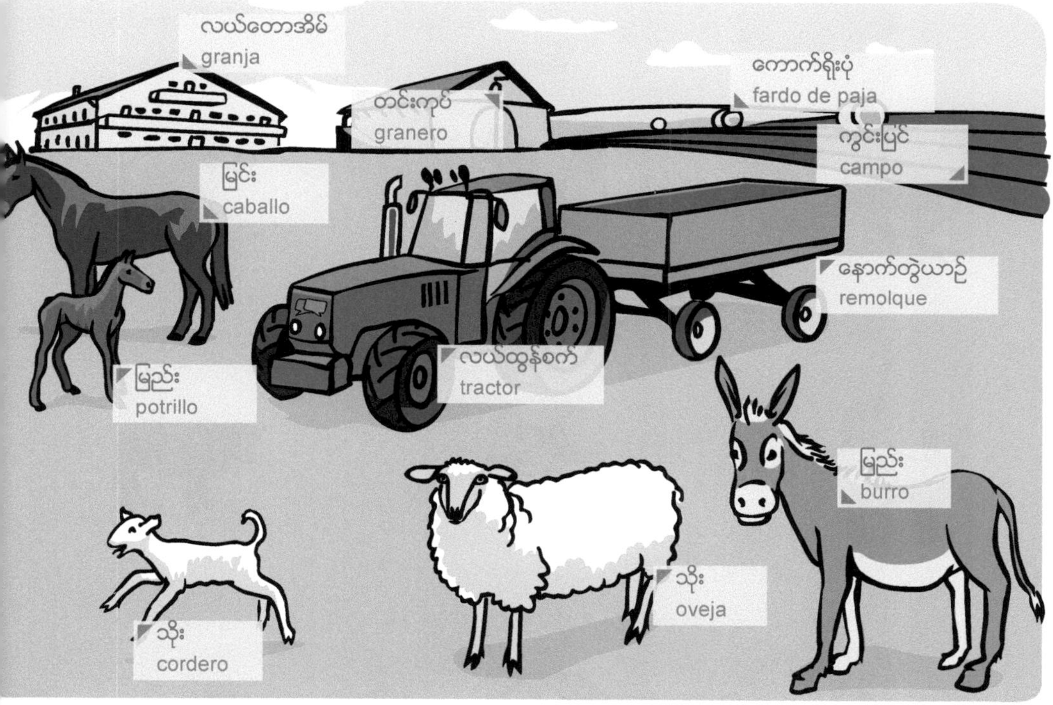
လယ်တောအိမ်
granja
တင်းကုပ်
granero
ကောက်ရိုးပုံ
fardo de paja
ကွင်းပြင်
campo
မြင်း
caballo
နောက်တွဲယာဉ်
remolque
မြည်း
potrillo
လယ်ထွန်စက်
tractor
မြည်း
burro
သိုး
oveja
သိုး
cordero

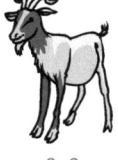

ဆိတ်

cabra

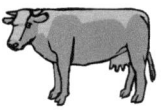

နွားမ

vaca

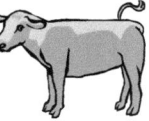

နွားလေး

ternero

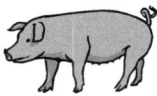

ဝက်

cerdo

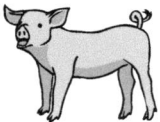

ဝက်ကလေး

lechón

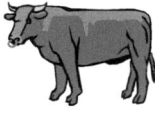

နွားထီး

toro

ဘဲငန်း

ganso

ဘဲ

pato

ကြက်ပေါက်ကလေး

pollo

ကြက်မ

gallina

ကြက်ဖ

gallo

ကြက်

rata

ကြောင်

gato

ကြွက်ကလေး

ratón

နွားထီး

buey

ခွေး

perro

ခွေးအိမ်

cucha

ပန်းခြံရေပိုက်

manguera

ရေလောင်းသည့်ခွက်

regadera

တံစဉ်အပြားကြီး

guadaña

ထယ်

arado

တံစဉ်

hoz

ပေါက်ပြား

azada

ကောက်ဆွ

horquilla

ပေါက်ချွန်း

hacha

ဘီးတပ် လက်တွန်းလှည်း

carretilla

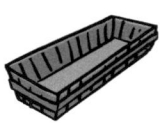

စားခွက်

abrevadero

နို့ပူး

lechera

အိတ်

bolsa

ခြံစည်းရိုး

reja

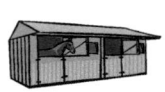

မြင်းဇောင်း

establo

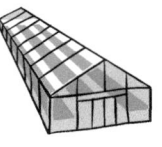

မှန်လုံအိမ်

invernadero

မြေကြီး

suelo

အစေ့

semilla

မြေသြဇာ

fertilizador

စုပေါင်း ရိတ်သိမ်းသူ

cosechadora

ရိတ်သိမ်းသည်

cosechar

ရိတ်သိမ်းသည်

cosecha

ပီလောပီနံ

batatas

ဂျုံ

trigo

ပဲပုပ်

soja

အာလူး

papa

ပြောင်း

maíz

နံစားပြောင်းဆီ

semilla de colza

အသီးပင်

árbol frutal

ပီလောပီနံ

mandioca

စီရီရယ် ခေါ် နံနက်စာတစ်မျိုး

cereales

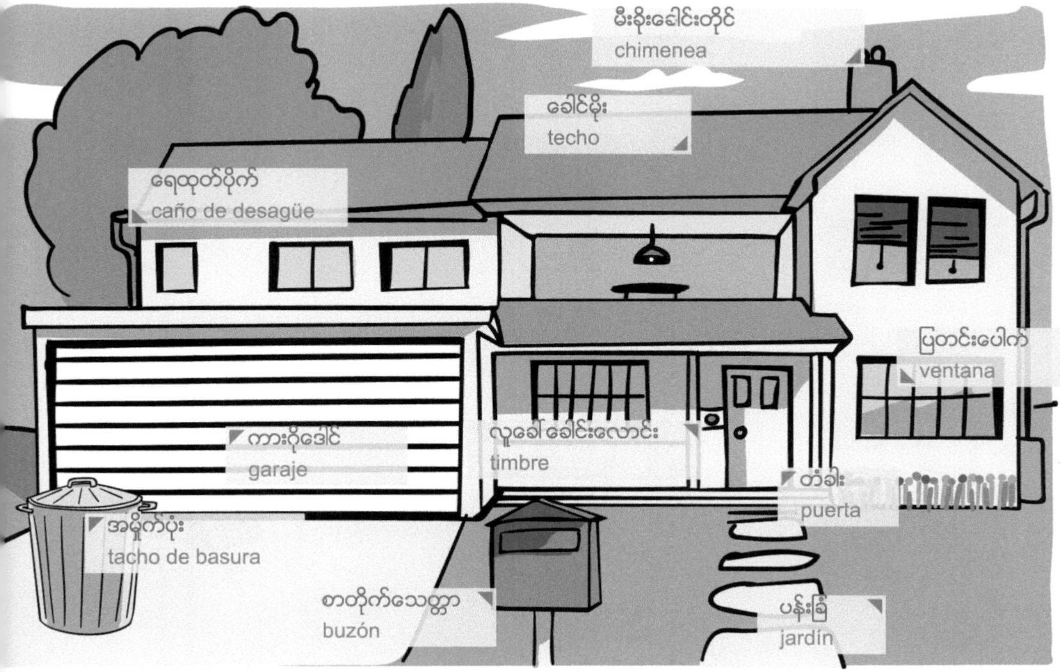

မီးခိုးခေါင်းတိုင်
chimenea

ခေါင်မိုး
techo

ရေထွက်ပိုက်
caño de desagüe

ပြတင်းပေါက်
ventana

ကားဂိုဒေါင်
garaje

လူခေါ်ခေါင်းလောင်း
timbre

တံခါး
puerta

အမှိုက်ပုံး
tacho de basura

စာတိုက်သေတ္တာ
buzón

ပန်းခြံ
jardín

ဧည့်ခန်း

living

ရေချိုးခန်း

baño

မီးဖိုချောင်

cocina

အိပ်ခန်း

dormitorio

ကလေး အခန်း

cuarto de los chicos

ထမင်းစားခန်း

comedor

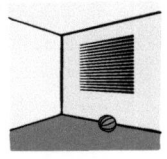

ကြမ်းပြင်

piso

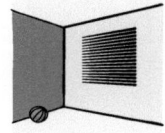

နံရံ

pared

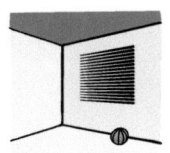

မျက်နှာကြက်

cielorraso

မြေအောက်ခန်း

sótano

ချွေးထုတ်ခန်း

sauna

ဝရန်တာ

balcón

ဝရန်တာ

terraza

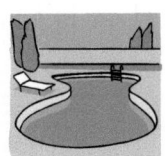

ရေကူးကန်

pileta

မြက်ရိတ်စက်

cortadora de pasto

အခြုပ်

sábana

အိပ်ယာခင်း

acolchado

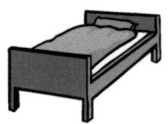

အိပ်ယာ

cama

တံမြက်စည်း

escoba

ရေပုံး

balde

မီးခလုတ်

interruptor

ဧည့်ခန်း
living

နံရံကပ်စက္ကူ
empapelado
ဓာတ်ပုံ
imagen
စားပွဲတင် မီးအိမ်
lámpara
စင်
estante
နံရံကပ် ဗီရို
armario
တယ်လီဗွီးရှင်း
televisión
မီးလင်းဖို
chimenea
ပန်း
flor
ကူရှင်
almohadón
ဆိုဖာ
sofá
ပန်းအိုး
florero
အဝေးထိန်း ကိရိယာ
control remoto

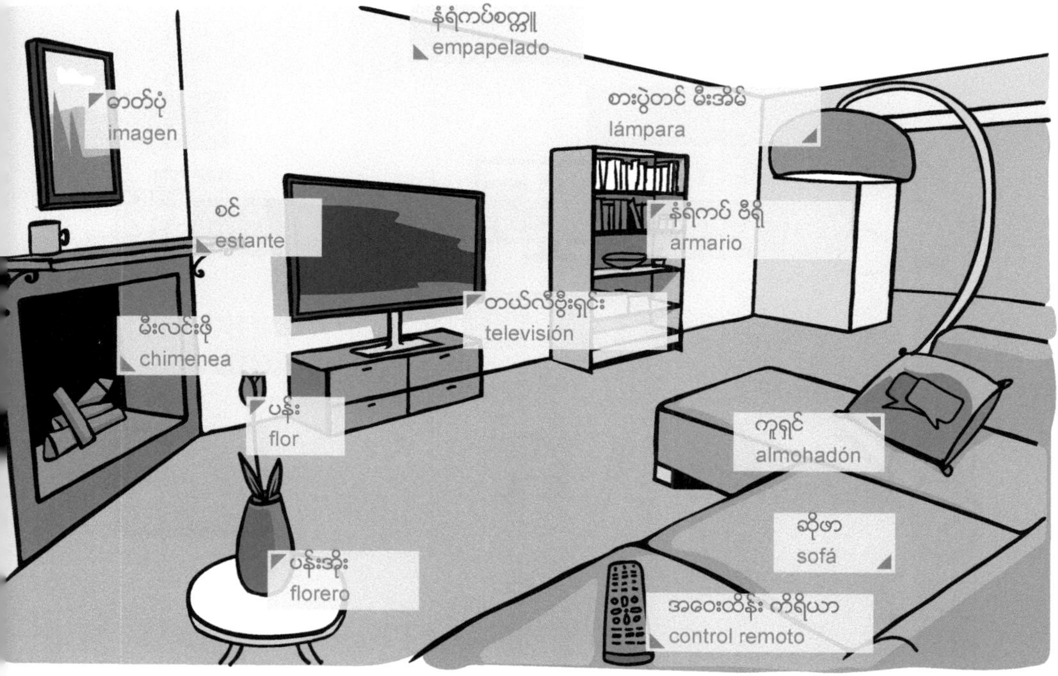

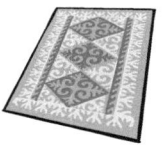

ကော်ဇော

alfombra

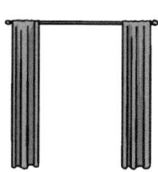

ကန့်လန့်ကာ

cortina

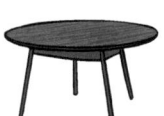

စားပွဲခုံ သို့မဟုတ် ဇယား

mesa

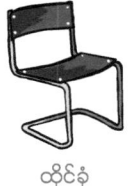

ထိုင်ခုံ

silla

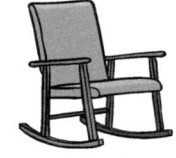

ရှေ့နောက် ယိမ်းနိုင်သည့် ထိုင်ခုံ

mecedora

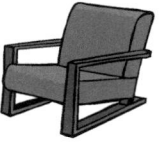

လက်တင်ထိုင်ခုံ

sillón

စာအုပ်

libro

စောင်

frazada

အပြင်အဆင်

decoración

ထင်း

leña

ဖလင် သို့မဟုတ် ရုပ်ရှင်

película

ဟိုင်ဖိုင် ကိရိယာ

equipo de música

သော့

llave

သတင်းစာ

diario

ပန်းချီကား

pintura

ပိုစတာ

póster

ရေဒီယို

radio

မှတ်စုစာရွက်အုပ်

cuaderno

ဖုံစုပ်စက်

aspiradora

ရှားစောင်းပင်

cactus

ဖယောင်းတိုင်

vela

ရေခဲသေတ္တာ
heladera

မိုက်ခရိုဝေ့ဗ် အပူပေးစက်
microondas

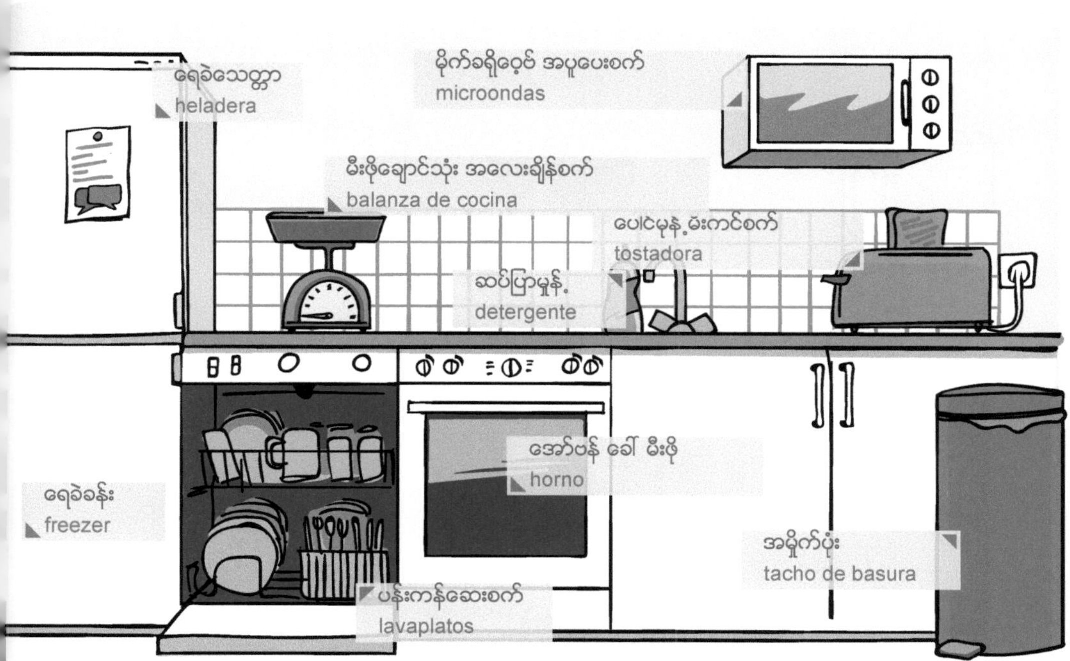

မီးဖိုချောင်သုံး အလေးချိန်စက်
balanza de cocina

ပေါင်မုန့် မီးကင်စက်
tostadora

ဆပ်ပြာမှုန့်
detergente

အော်ဗန် ခေါ် မီးဖို
horno

ရေခဲခန်း
freezer

အမှိုက်ပုံး
tacho de basura

ပန်းကန်ဆေးစက်
lavaplatos

လျှပ်စစ် ချက်ပြုတ်အိုး	အိုး	သံအိုးကြီး
cocina	olla	olla de hierro fundido
မွှေကြော်သည့် ဒယ်အိုးကြီး / ကာဒိုင်း	ဒယ်အိုး	ရေနွေးတည်သည့်အိုး
wok	sartén	pava

ပေါင်းစက်

vaporera

မုန့်ဖုတ်သည့် ပန်း

bandeja de horno

ကြွေပန်းကန်ပြား ခွက်ယောက်

vajilla

မတ်ခွက်

taza

ဇလုံပန်းကန်

bol

အစာစားသည့်တူများ

palitos

ယောက်ချို

cucharón

မွှေသည့်အတံ

estpátula

ခေါက်တံ

batidora

စစ်သည့် အရာ

colador

စကာ

colador

ခြစ်သည့်ကိရိယာ

rallador

ပြုပ်ဆုံ

mortero

ဘာဘီကျူးကင်

parrilla

ထင်းမီးဖို

fogata

မီးဖိုချောင် - cocina

စင်းနီးတုံး

tabla de picar

လည်နေသောပင်

palo de amasar

ဖော့ဆို့

sacacorchos

သံဗူး

lata

သံဗူးဖောက်တံ

abrelatas

အိုးတင်သည့်အရာ

manopla

ရေဆေးသည့် နေရာ

pileta

စုပ်တံ

cepillo

ရေမြှုပ်

esponja

မွှေသည့်စက်

batidora

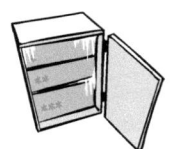

အေးခဲသည့် ရေခဲခန်း

congelador

ကလေးနို့ဗူး

mamadera

ရေပိုက်ခေါင်း

canilla

ရေချိုးခန်း

baño

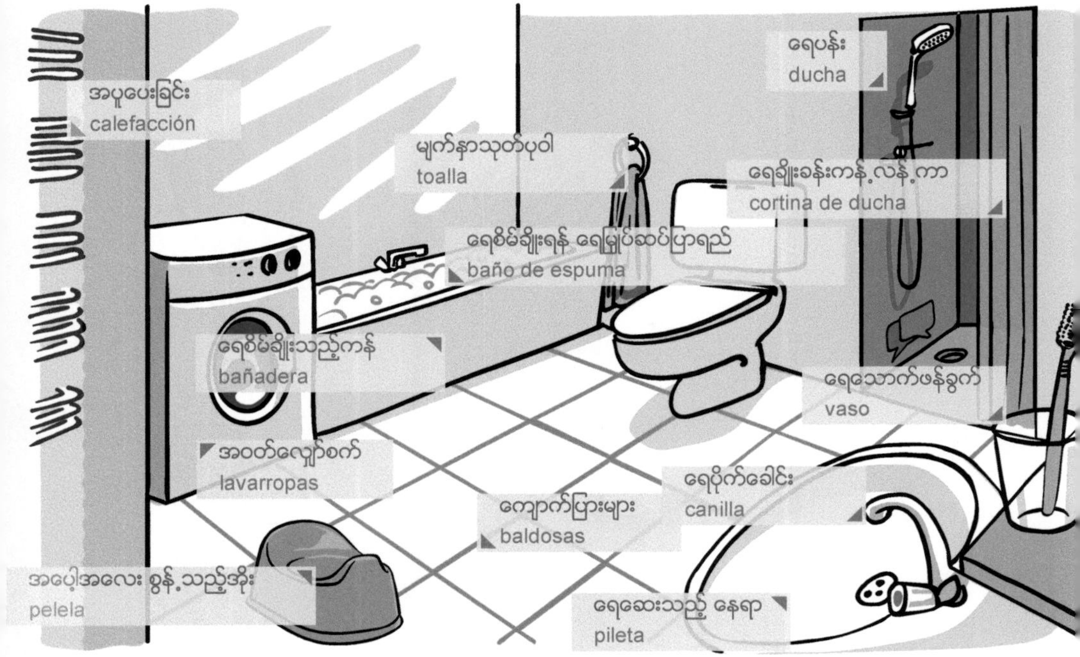

အပူပေးခြင်း
calefacción
ရေပန်း
ducha
မျက်နှာသုတ်ပုဝါ
toalla
ရေချိုးခန်းကန့်လန့်ကာ
cortina de ducha
ရေစိမ်ချိုးရန် ရေမြှုပ်ဆပ်ပြာရည်
baño de espuma
ရေစိမ်ချိုးသည့်ကန်
bañadera
ရေသောက်ဖန်ခွက်
vaso
အဝတ်လျှော်စက်
lavarropas
ရေပိုက်ခေါင်း
canilla
ကျောက်ပြားများ
baldosas
အပေါ့အလေး စွန့်သည့်အိုး
pelela
ရေဆေးသည့် နေရာ
pileta

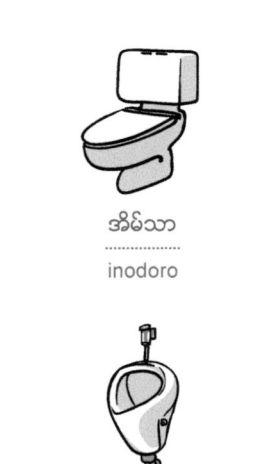

အိမ်သာ

inodoro

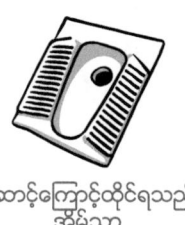

ဆောင့်ကြောင့်ထိုင်ရသည့် အိမ်သာ

letrina

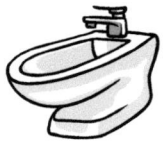

အမျိုးသမီးသုံး အောက်ပိုင်းဆေးသည့် ကမုတ်

bidé

အမျိုးသား ဆီးသွားသည့်ကမုတ်

mingitorio

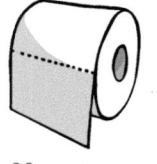

အိမ်သာသုံး စက္ကူ

papel higiénico

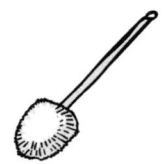

အိမ်သာတိုက် ဘရပ်ရှ်

cepillo para el inodoro

သွားတိုက်တံ

cepillo de dientes

သွားတိုက်ဆေး

dentífrico

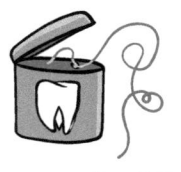

သွား ချေးထုတ်သည့် ကြိုး

hilo dental

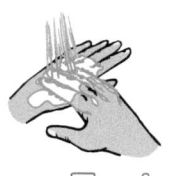

ဆေးကြောသည်

lavar

လက်ကိုင် ရေပန်း

ducha de mano

ရေပန်းဖြင့်ရေချိုးခြင်း

ducha higiénica

ရေအင်တုံ

palangana

နောက်ကျော ချေးတွန်းသည့် ဘရပ်ရှ်

cepillo para espalda

ဆပ်ပြာ

jabón

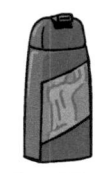

ရေချိုးဆပ်ပြာရည်

gel de ducha

ခေါင်းလျှော်ရည်

shampoo

ဖလန်နယ်စ

toallita

ရေထွက်ပေါက်

desagüe

ခရင်မ်

crema

ဒီအော်ဒရန့်၊ ခေါ် ကိုယ်လိမ်းအမွေးနံ့သာ

desodorante

ရေချိုးခန်း - baño

မှန်
espejo

လက်ကိုင်မှန်
espejito

မုတ်ဆိတ်ရိတ်တံ
maquinita de afeitar

မုတ်ဆိတ်ရိတ်ရန် အမြှုပ်
espuma de afeitar

မုတ်ဆိတ်ရိတ်ပြီး
လိမ်းသည့်အမွှေးနံ့သာ
aftershave

ခေါင်းဘီး
peine

ဘရပ်ရှ်
cepillo

ဆံပင်ခြောက်စက်
secador de pelo

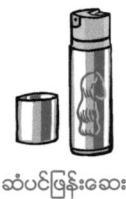

ဆံပင်ဖြန်းဆေး
spray

မိတ်ကပ်
maquillaje

နှုတ်ခမ်းဆိုးဆေး
lápiz de labios

လက်သည်းဆိုးဆေး
esmalte para uñas

ဝွမ်းလုံး
algodón

လက်သည်းညှပ် ကပ်ကြေး
tijera para uñas

ရေမွှေး
perfume

ရေချိုးခန်းသုံး အိတ်

portacosméticos

ခွေးခြေ

banqueta

ကိုယ်အလေးချိန်တိုင်းသည့်စက်

balanza

ရေချိုးပြီး ဝတ်သည့်ဝတ်ရုံ

bata

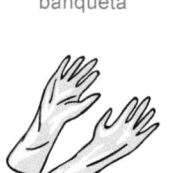

ရာဘာ လက်အိတ်များ

guantes de goma

တန်ပွန် ခေါ် ဓမ္မတာလာစဉ် မိန်း
မကိုယ်တွင်းထည့်သည့်အရာ

tampón

အမျိုးသမီး လစဉ်သုံးပုဝါစ

toallita femenina

ဓာတုပစ္စည်းထည့်သုံးသည့်
အိမ်သာ

baño químico

ကလေး အခန်း

cuarto de los chicos

နိုးစက်
despertador
ဖက်အိပ်သည့်အရုပ်
peluche
အရုပ်ကား
coche de juguete
ခလောက်
sonajero
အရုပ်မအိမ်
casa de muñecas
လက်ဆောင်
regalo

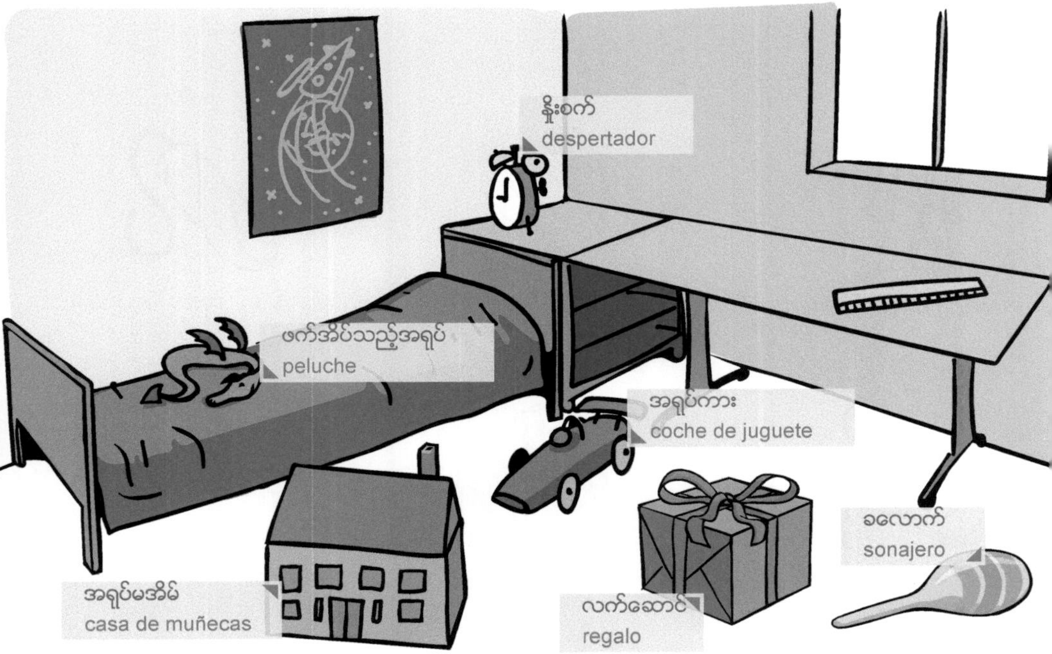

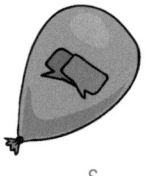

ပူဖောင်း

globo

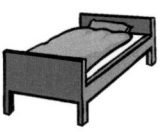

အိပ်ယာ

cama

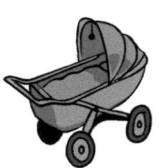

ကလေးတွန်းလှည်း

cochecito

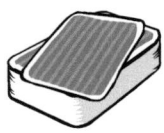

ကစားသည့်ကတ်ထုပ်

cartas

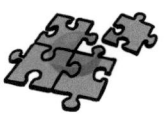

ဂျစ်ဆော ခေါ် ဆက်၍ကစားသည့် အပိုင်းအစများ

rompecabezas

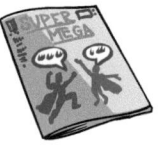

ရုပ်ပြစာအုပ်

historieta

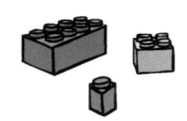

ဆောက်၍ကစားသည့် လေဂို
အတုံးများ

piezas de lego

ဆောက်၍ကစားသည့်
အတုံးများ
ladrillos de juguete

လှုပ်ရှားလုပ်ကိုင်သူ

figura de acción

ဘေဘီရုံး

enterito (de bebé)

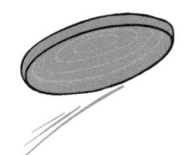

ဖရစ်ဘီး ခေါ် ပစ်၍ ကစားသည့်
အပြား
frisbee

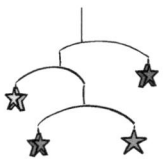

ရွေ့လျားနိုင်သော

móvil para bebés

ဘုတ်ပြားပေါ် တွင် ကစားနည်း

juego de mesa

အံစာတုံး

dados

ကစားစရာ ရထား အစုံမော်ဒယ်

tren eléctrico

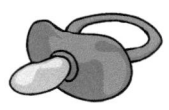

အရုပ်

chupete

ပါတီ

fiesta

ရုပ်ပြစာအုပ်

libro de cuentos ilustrado

ဘောလုံး

pelota

အရုပ်မ

muñeca

ကစားသည်

jugar

ကစားသည့် သဲပုံး

arenero

ဒန်း

hamaca

အရုပ်များ

juguetes

ဗွီဒီယိုဂိမ်းကစားသည့် စက်

consola de videojuegos

သုံးဘီး စက်ဘီး

triciclo

တက်ဒီ ဝက်ဝံရုပ်

osito de peluche

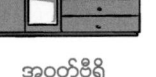

အဝတ်ဗီရို

armario

ခြေအိတ်များ

medias

အမျိုးသမီးဝတ် ခြေအိတ်ရှည်

medias panty

အမျိုးသမီး ခြေအိတ်အကြပ်

calzas

ပုဝါ
bufanda

ထီး
paraguas

တီရှပ်
remera

ခါးပတ်
cinturón

ဘွတ်ဖိနပ်များ
botas

ခြေညှပ်ဖိနပ်များ
pantuflas

အားကစားဖိနပ်များ
zapatillas

ခြေစွပ် နောက်ပိတ်ဖိနပ်
sandalias

ရှူးဖိနပ်များ
zapatos

ရာဘာ ဘွတ်ဖိနပ်များ
botas de goma

အောက်ခံ အဝတ်များ
ropa interior

ဘရာဇီယာ
corpiño

အပေါ်ထပ် လက်ပြတ်အကျီ
chaleco

အဝတ်အစား - ropa

45

ကိုယ်ခန္ဓာ

body

ဘောင်းဘီရှည်

pantalones

ဂျင်းဘောင်းဘီ

jeans

စကပ်

pollera

ဘလောက်စ်အင်္ကျီ

blusa

ရှပ်အင်္ကျီ

camisa

ခေါင်းစွပ်အင်္ကျီ

pulóver

ခေါင်းစွပ်ပါ အင်္ကျီ

buzo

ဘလေဇာကုတ်အင်္ကျီ

blazer

ဂျက်ကတ်အင်္ကျီ

campera

ကုတ်အင်္ကျီ

tapado

မိုးကာ ကုတ်အင်္ကျီ

piloto

ဝတ်စုံ

traje

ဂါဝန်

vestido

လက်ထပ် ဝတ်စုံ

vestido de novia

အနောက်တိုင်းဝတ်စုံပြည့်

traje

ညအိပ်အင်္ကျီ

camisón

ညအိတ်ဝတ်စုံ

pijama

ဆာရီ

sari

ခေါင်းအုပ်ပုဝါ

pañuelo para cabeza

တာဘန် ခေါ် ခေါင်းပေါင်း

turbante

ဘာကာခေါ်
အမျိုးသမီးခေါင်းအုပ်

burka

ကဖ်တန် ခေါ်
အမျိုးသားဝတ်ဘောင်းဘီ

caftán

အာဘယာ ခေါ် မွတ်ဆလင်
အမျိုးသမီးဝတ်အင်္ကျီ

abaya

ရေကူးဝတ်စုံ

traje de baño

အဝတ်သေတ္တာ

short de baño

ဘောင်းဘီတို

shorts

အားကစားဝတ်စုံ

jogging

ခါးစည်း အဝတ်

delantal

လက်အိတ်များ

guantes

ကြယ်သီး

botón

မျက်မှန်

anteojos

လက်ကောက်

pulsera

လည်ဆွဲ

collar

လက်စွပ်

anillo

နားကပ်

aro

ခေါင်းဆောင်း ဦးထုပ်

gorra

ကုတ်အင်္ကျီ ချိတ်

percha

ဦးထုပ်

sombrero

နက်တိုင်

corbata

ဖစ်

cierre

ဟဲလ်မက်ခေါ် ခေါင်းဆောင်း

casco

သွားထိန်းများ

tiradores

ကျောင်းဝတ်စုံ

uniforme escolar

ယူနီဖောင်းဝတ်စုံ

uniforme

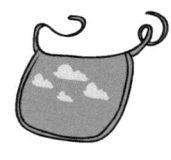

သွားရည်ခံ

babero

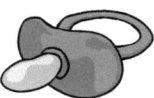

အရုပ်

chupete

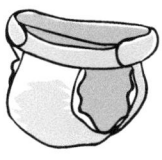

ကလေးအနှီး

pañal

ရုံးခန်း

oficina

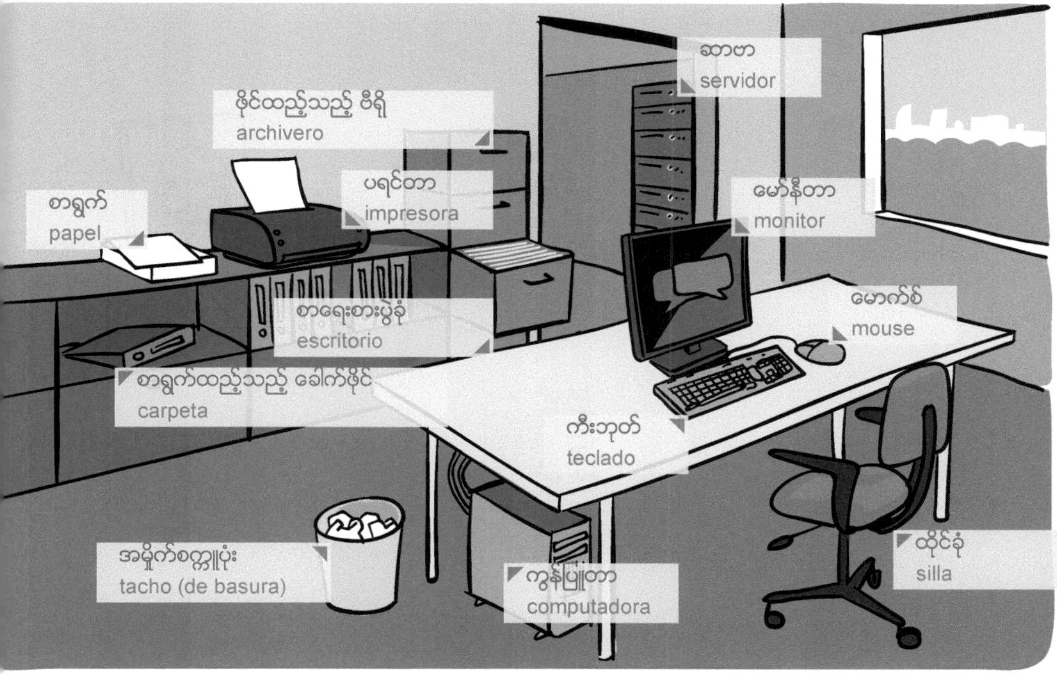

ဆာဗာ
servidor
ဖိုင်ထည့်သည့် ဗီရို
archivero
ပရင်တာ
impresora
စာရွက်
papel
မော်နီတာ
monitor
မောက်စ်
mouse
စာရေးစားပွဲခုံ
escritorio
စာရွက်ထည့်သည့် ခေါက်ဖိုင်
carpeta
ကီးဘုတ်
teclado
အမှိုက်စက္ကူပုံး
tacho (de basura)
ကွန်ပြူတာ
computadora
ထိုင်ခုံ
silla

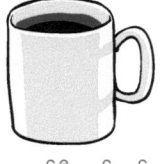

ကော်ဖီ မတ်ခွက်

taza de café

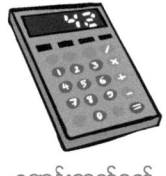

ဂဏန်းတွက်စက်

calculadora

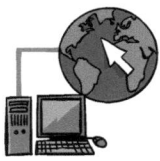

အင်တာနက်

internet

ပေါင်ပေါ် တင်ရိုက်နိုင်သည့်
ကွန်ပြူတာ
laptop

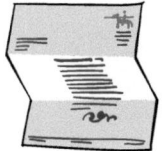

စာ
....
carta

မက်ဆေ့ချ်
....
mensaje

မိုဘိုင်းဖုန်း
....
celular

ကွန်ရက်
....
red

မိတ္တူကူးစက်
....
fotocopiadora

ဆော့ဖ်ဝဲရ်
....
software

တယ်လီဖုန်း
....
teléfono

ပလပ်ပေါက်
....
tomacorriente

ဖက်စ်ပို့သည့် စက်
....
fax

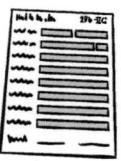

ပုံစံ
....
formulario

စာရွက်စာတမ်း
....
documento

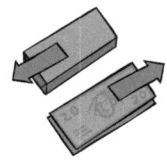

ဝယ်ယူသည်

comprar

ပေးအပ်သည်

pagar

ကုန်သွယ်သည်

hacer negocios

ပိုက်ဆံ

dinero

ဒေါ်လာ

dólar

ယူရိုငွေ

euro

ယန်းငွေ

yen

ရူဘယ်ငွေ

rublo

ဆွစ်ဇာလန်နိုင်ငံသုံးငွေ

franco suizo

ရမ်မင်ဘီ ယွမ်

yuan

ရူပီး

rupia

ငွေချေသည့်နေရာ

cajero automático

ငွေလဲဘွာန

casa de cambio

ရွှေ

oro

ငွေ

plata

ဆီ

petróleo

စွမ်းအင်

energía

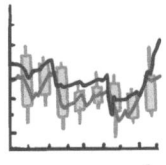

ဈေးနှုန်း

precio

စာချုပ်

contrato

အခွန်

impuesto

စတော့ဈေးကွက်

acción

အလုပ်လုပ်သည်

trabajar

ဝန်ထမ်း

empleado

အလုပ်ရှင်

empleador

စက်ရုံ

fábrica

ဆိုင်

negocio

အလုပ်အကိုင်များ

ocupaciones

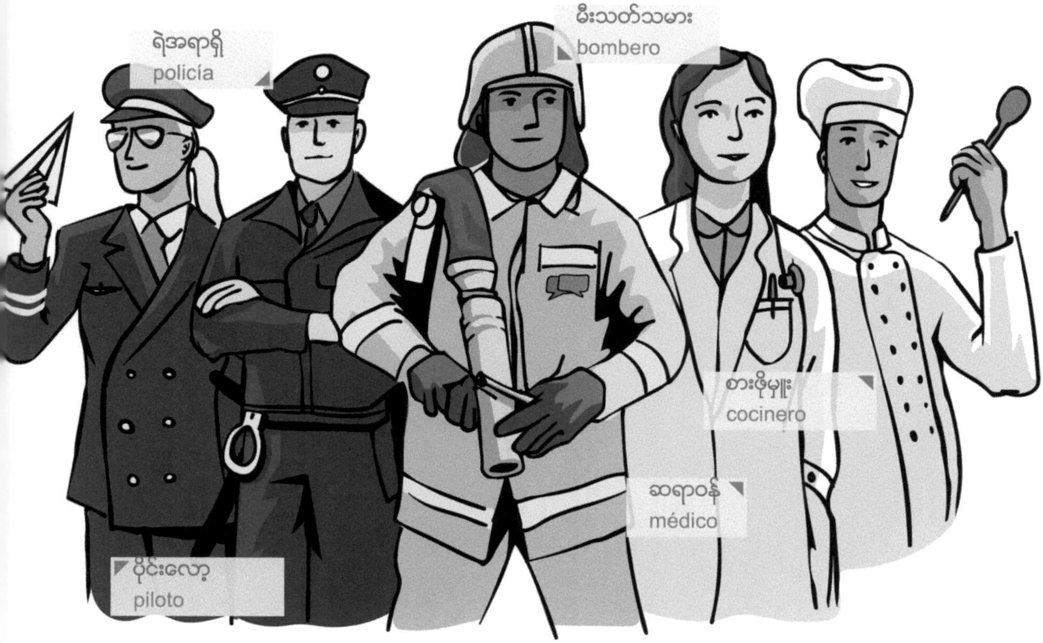
ရဲအရာရှိ
policía
မီးသတ်သမား
bombero
စားဖိုမှူး
cocinero
ဆရာဝန်
médico
ပိုင်းလော့
piloto

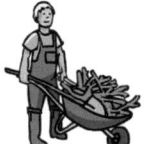

မာလီ

jardinero

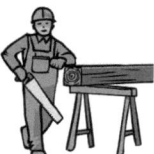

လက်သမား

carpintero

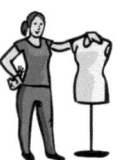

စက်ချုပ်သူ

modista

တရားသူကြီး

juez

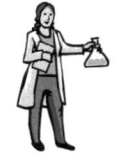

ဓာတုဗေဒပညာရှင်

farmacéutico

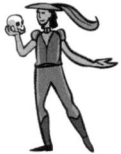

သရုပ်ဆောင်

actor

ဘတ်စ်ကားမောင်းသမား

colectivero

တက်စီမောင်းသူ

taxista

ငါးဖမ်းသမား

pescador

သန့်ရှင်းရေး အလုပ်သမ

mucama

အမိုးပြင်သူ

techista

စားပွဲထိုး

mozo

အမဲလိုက်မုဆိုး

cazador

ဆေးသုတ်သမား သို့မဟုတ်
ပန်းချီဆရာ

pintor

မုန့်ဖုတ်သမား

panadero

လျှပ်စစ်ပညာရှင်

electricista

ဆောက်လုပ်ရေးသမား

albañil

အင်ဂျင်နီယာ

ingeniero

သားသတ်သမား

carnicero

ပိုက်ဆက်ဆရာ

plomero

စာပို့သမား

cartero

စစ်သား

soldado

ဗိသုကာပညာရှင်

arquitecto

ငွေကိုင်

cajero

ပန်းပညာရှင်

florista

ဆံပင်အလှပြင်သူ

peluquero

လက်မှတ်စစ်

cobrador

စက်ပြင်ဆရာ

mecánico

ကပ္ပတိန်

capitán

သွားဘက်ဆိုင်ရာ ဆရာဝန်

dentista

သိပ္ပံပညာရှင်

científico

ရာဘိုင်

rabino

မွတ်ဆလင် တရားဟောဆရာ

imán

ဘုန်းကြီး

monje

တရားဟောဆရာ

sacerdote

ကိရိယာ တန်ဆာပလာများ
herramientas

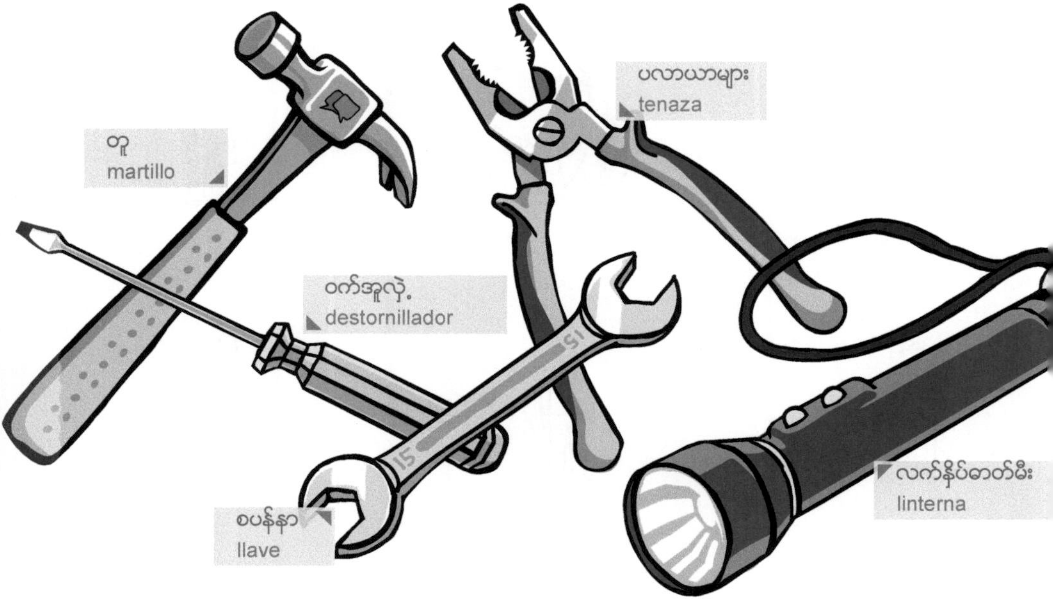

တူ
martillo
ပလာယာများ
tenaza
ဝက်အူလှည့်
destornillador
စပန်နာ
llave
လက်နှိပ်ဓာတ်မီး
linterna

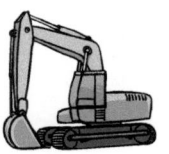

မြေတူးစက်

excavadora

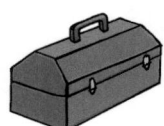

လက်သမားသုံးကိရိယာ သေတ္တာ

caja de herramientas

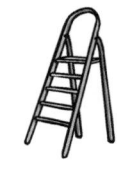

လှေကား

escalera portátil

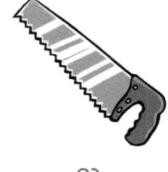

လွှ

sierra

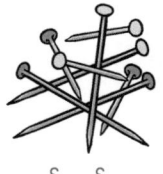

လက်သည်းများ

clavos

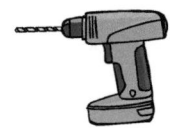

အပေါက်ဖောက်စက်

taladro

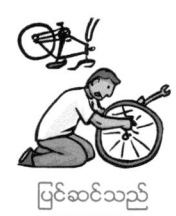

ပြင်ဆင်သည်

arreglar

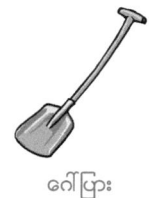

ဂေါ်ပြား

pala de jardín

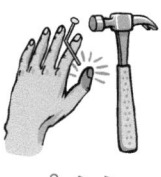

ချီးတဲ့မှပဲ

¡Qué bronca!

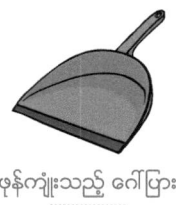

ဖုန်ကျုံးသည့် ဂေါ်ပြား

pala de plástico

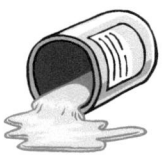

ဆေးရောင်အိုး

tacho de pintura

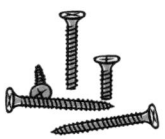

ဝက်အူများ

tornillos

ဂီတတူရိယာများ
instrumentos musicales

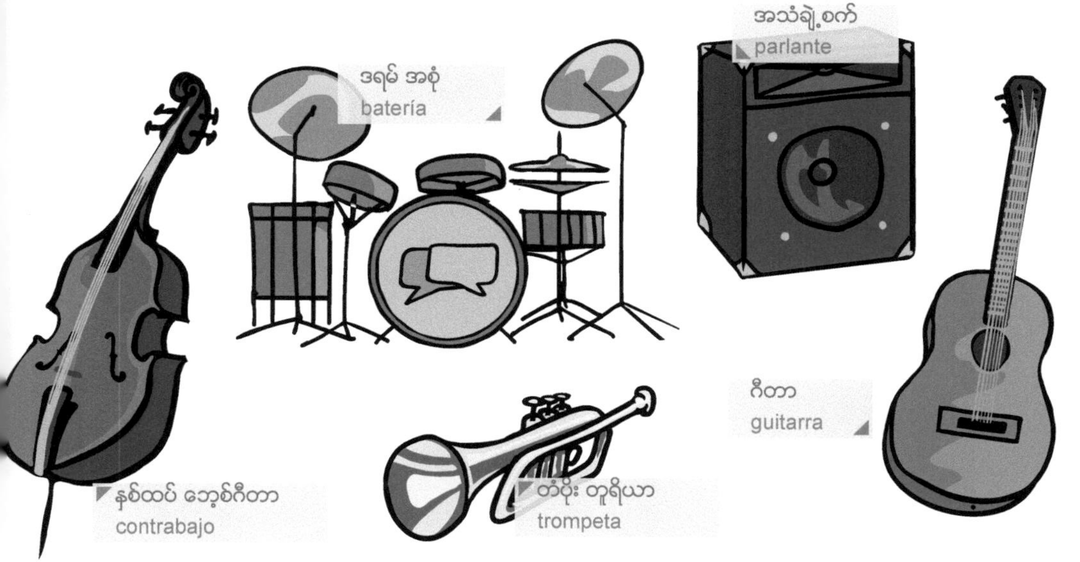

အသံချဲ့စက်
parlante
ဒရမ် အစုံ
batería
ဂီတာ
guitarra
နှစ်ထပ် ဘေ့စ်ဂီတာ
contrabajo
တံပိုး တူရိယာ
trompeta

စန္တယား

piano

တယော

violín

ဘော့စ်ဂီတာ

bajo

နားစည်အမြှေးပါး

timbales

ဒရမ်များ

tambor

ကီးဘုတ် တူရိယာ

teclado

ဆက်ဆိုဖုန်း ခေါ်
လေမှုတ်တူရိယာ

saxofón

ပုလွေ

flauta

စကားပြောစက်

micrófono

ဂီတတူရိယာများ - instrumentos musicales

တိရိစ္ဆာန်ရုံ
zoológico

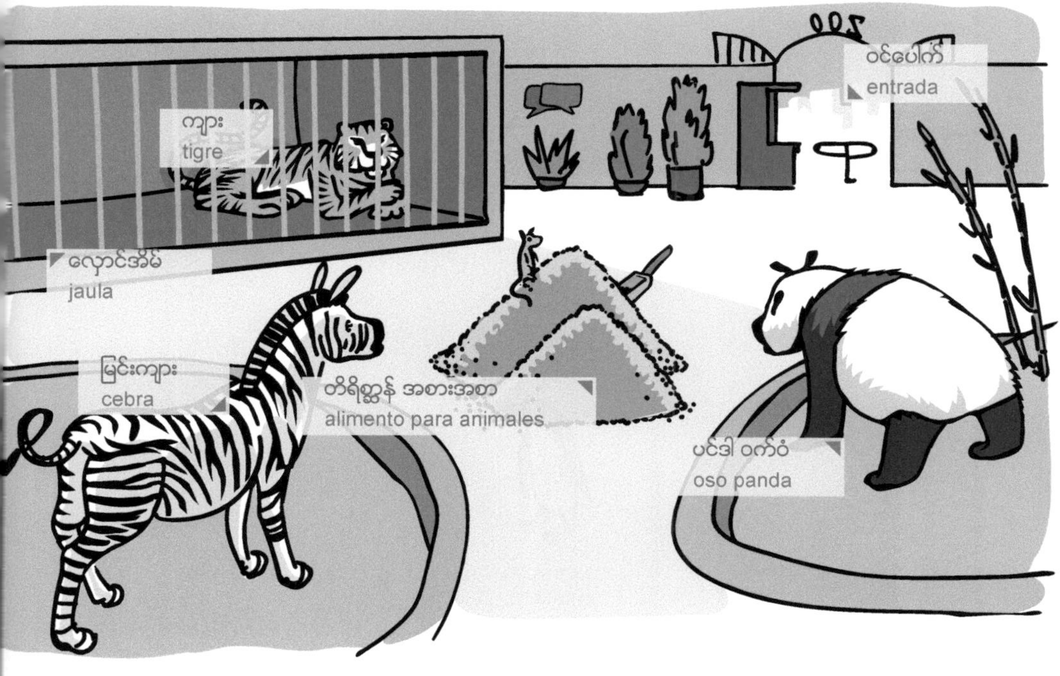

ကျား
tigre
ဝင်ပေါက်
entrada
လှောင်အိမ်
jaula
မြင်းကျား
cebra
တိရိစ္ဆာန် အစားအစာ
alimento para animales
ပင်ဒါ ဝက်ဝံ
oso panda

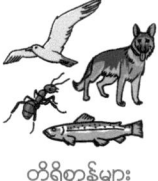

တိရိစ္ဆာန်များ

animales

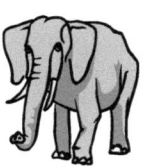

ဆင်

elefante

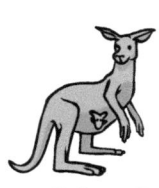

သားပိုက်ကောင်

canguro

ကြံ့

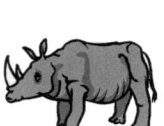

rinoceronte

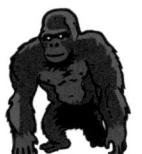

ဂေါ်ရီလာမျောက်

gorila

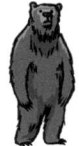

ဝက်ဝံ

oso

ကုလားအုတ်

camello

ငှက်ကုလားအုတ်

avestruz

ခြင်္သေ့

león

မျောက်

mono

ဖလန်မင်းဂိုးငှက်

flamenco

ကြက်တူရွေး

loro

ပိုလာဝက်ဝံ

oso polar

ပင်ဂွင်းငှက်

pingüino

ငါးမန်း

tiburón

ဥဒေါင်းငှက်

pavo real

မြွေ

serpiente

မိကျောင်း

cocodrilo

တိရိစ္ဆာန်ရုံရဲ့ ထိန်းသိမ်းသူ

cuidador del zoológico

ဖုံ

foca

ကျားသစ်

jaguar

ပိုနီမြင်း
poni

ကျားသစ်
leopardo

ရေမြင်း
hipopótamo

သစ်ကုလားအုတ်
jirafa

သိန်းငှက်
águila

တောဝက်
jabalí

ငါး
pescado

လိပ်
tortuga

ပင်လယ်ဖျံကြီး
morsa

မြေခွေး
zorro

ဦးချိုပါ သမင်ညိုတစ်မျိုး
gacela

အမေရိကန် ဖွတ်ဘော
fútbol americano

စက်ဘီးစီးခြင်း
ciclismo

တင်းနစ်ရိုက်ခြင်း
tenis

ဘတ်စကက်ဘော
básquet

ရေကူးခြင်း
natación

လက်ဝှေ့
boxeo

ရေခဲပြင် ဟော်ကီ
hockey sobre hielo

ဘောလုံးကန်ခြင်း
fútbol

ကြက်တောင်ရိုက်ခြင်း
bádminton

ကိုယ်လက်လှုပ်ရှား
အားကစားများ
atletismo

ဟန်းဒ်ဘော ခေါ် လက်ပစ်ဘော
handball

နှင်းလျှောစီးခြင်း
esquí

ပိုလို
polo

လှုပ်ရှားမှုများ
actividades

ရယ်မောသည်
reír
ခုန်သည်
saltar
ပွေ့ဖက်သည်
abrazar
လမ်းလျှောက်သည်
caminar
သီချင်းဆိုသည်
cantar
အိပ်မက်သည်
soñar
ဆုတောင်းသည်
rezar
နမ်းရှုပ်သည်
besar

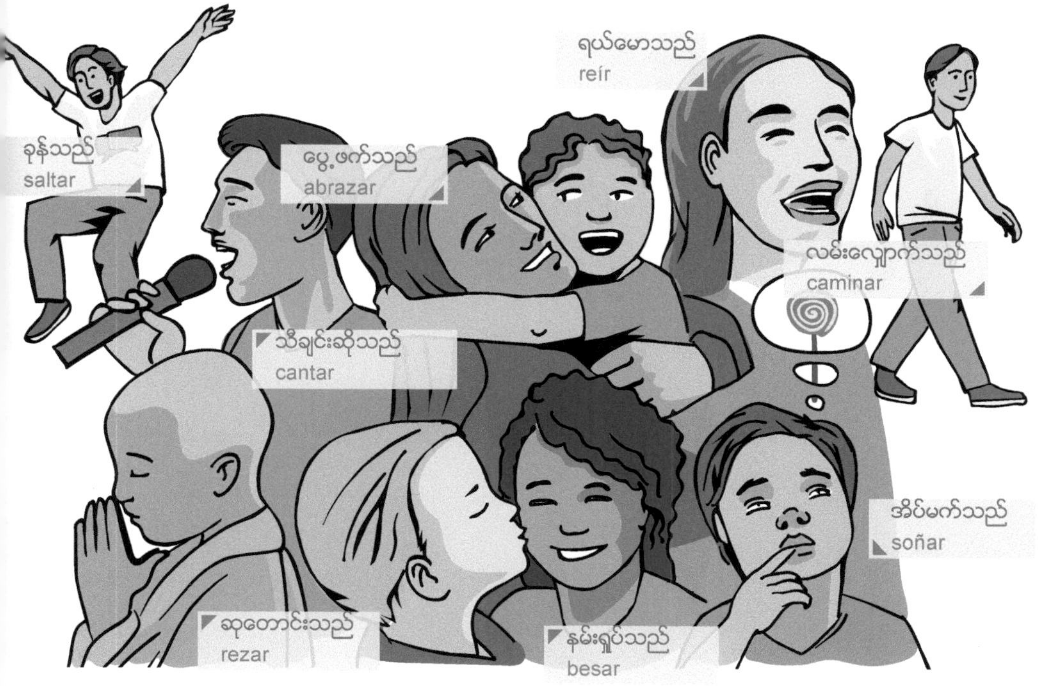

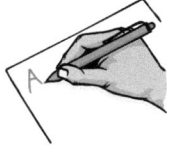

စာရေးသည်

escribir

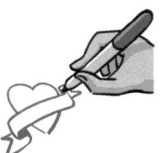

ရေးဆွဲသည်

dibujar

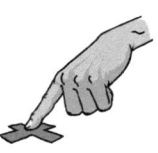

ပြသသည်

mostrar

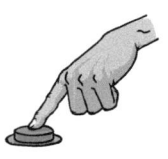

တွန်းသည်

presionar

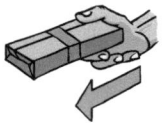

ပေးသည်

dar

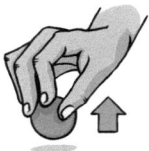

ယူသည်

tomar

ရှိသည်

tener

ပြုလုပ်သည်

hacer

ဖြစ်သည်

ser

မတ်တပ်ရပ်သည်

estar parado

ပြေးသည်

correr

ဆွဲသည်

tirar

ပစ်သည်

tirar

လဲကျသည်

caer

လိမ်လည်သည်

estar acostado

စောင့်ဆိုင်းသည်

esperar

သယ်ဆောင်သည်

llevar

ထိုင်သည်

estar sentado

အဝတ်အစားဝတ်သည်

vestirse

အိပ်သည်

dormir

အိပ်ယာမှ ထသည်

despertar

တစ်ခုခုကို ကြည့်ရှုသည်

mirar

ငိုသည်

llorar

ပွတ်သပ်သည်

acariciar

ဘီးဖီးသည်

peinar

စကားပြောသည်

hablar

နားလည်သည်

entender

မေးသည်

preguntar

နားထောင်သည်

escuchar

သောက်သည်

beber

စားသည်

comer

သပ်ရပ်အောင်လုပ်သည်

ordenar

ချစ်သည်

amar

ချက်ပြုတ်သည်

cocinar

မောင်းသည်

manejar

ပျံသန်းသည်

volar

ရွက်လွှင့်သည်

navegar

တွက်ပါ

calcular

ဖတ်သည်

leer

သင်ယူသည်

aprender

အလုပ်လုပ်သည်

trabajar

လက်ထပ်သည်

casarse

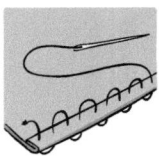

အပ်ချုပ်သည်

coser

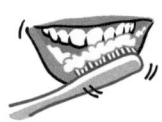

သွားတိုက်သည်

cepillarse los dientes

သတ်သည်

matar

ဆေးလိပ်သောက်သည်

fumar

ပို့သည်

enviar

မိသားစု

familia

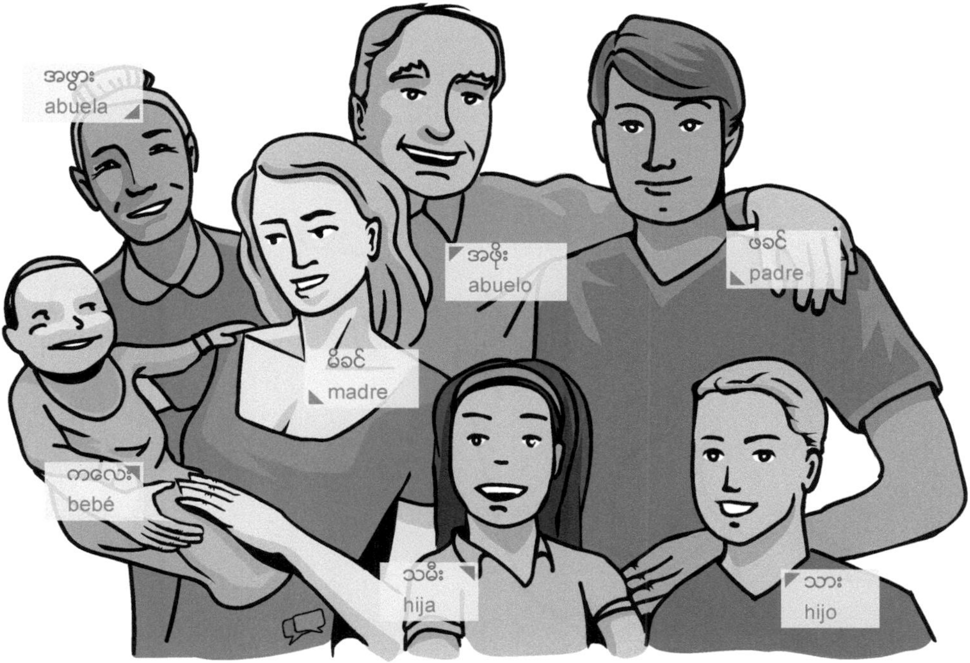

အဖွား
abuela
အဖိုး
abuelo
ဖခင်
padre
မိခင်
madre
ကလေး
bebé
သမီး
hija
သား
hijo

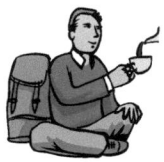

ဧည့်သည်

invitado

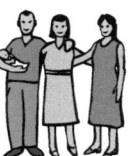

အဒေါ်

tía

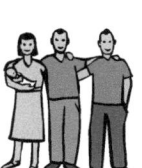

ဦးလေး

tío

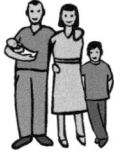

အစ်ကို

hermano

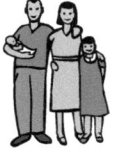

အစ်မ

hermana

ကိုယ်ခန္ဓာ

cuerpo

နဖူး
frente
မျက်လုံး
ojo
ပုခုံး
hombro
လက်ချောင်း
dedo
မျက်နှာ
cara
မေးစေ့
pera
လက်
mano
ခြေသလုံး
pierna
ရင်သား
pecho
လက်မောင်း
brazo

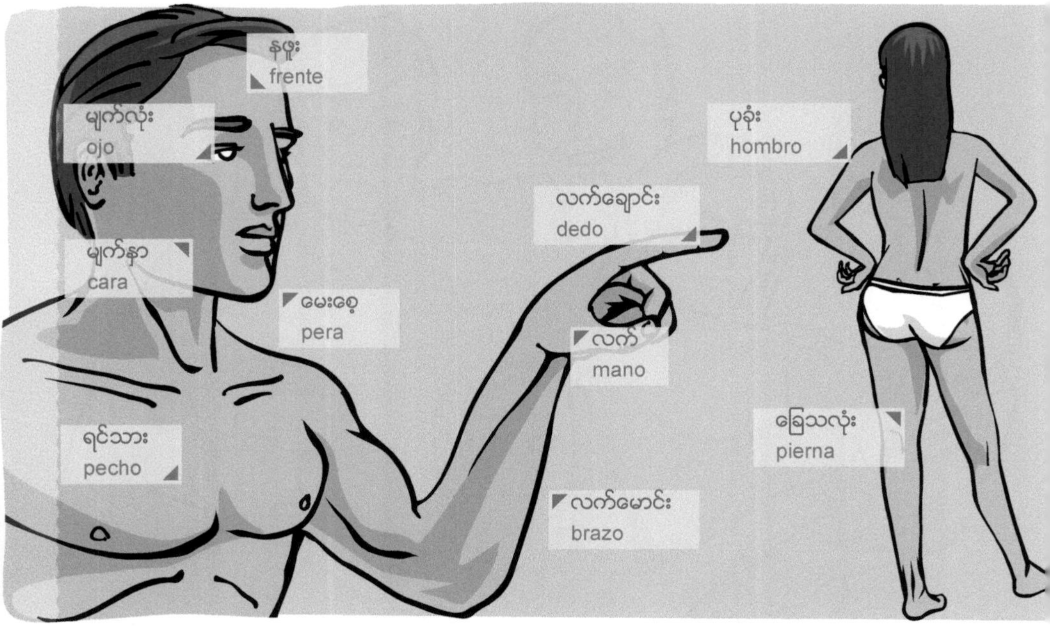

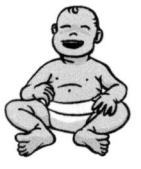

ကလေး

bebé

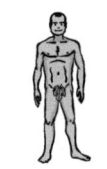

ယောက်ျားကြီး

hombre

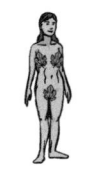

အမျိုးသမီးကြီး

mujer

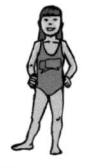

မိန်းကလေး

nena

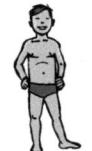

ယောက်ျားလေး

nene

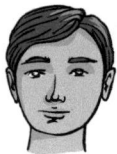

ဦးခေါင်း

cabeza

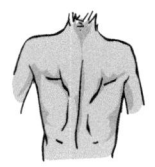

နောက်ကျော

espalda

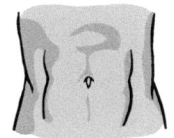

ဗိုက်

panza

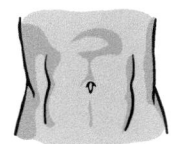

ချက်

ombligo

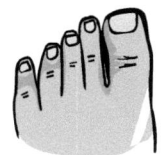

ခြေချောင်း

dedo del pie

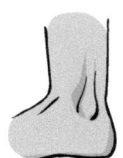

ဖနောင့်

talón

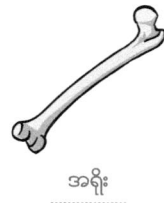

အရိုး

hueso

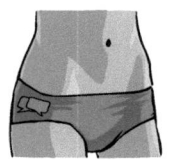

တင်ရိုး

cadera

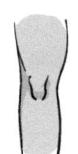

ဒူးခေါင်း

rodilla

တံတောင်ဆစ်

codo

နှာခေါင်း

nariz

တင်ပါး

cola

အရေပြား

piel

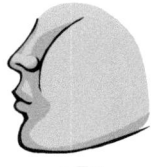

ပါးပြင်

cachete

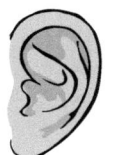

နား

oreja

နှုတ်ခမ်း

labio

ပါးစပ်

boca

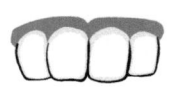

သွား

diente

လျှာ

lengua

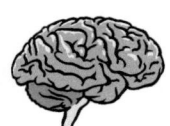

ဦးနှောက်

cerebro

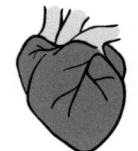

နှလုံး

corazón

ကြွက်သား

músculo

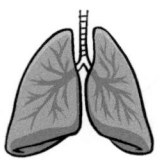

အဆုတ်

pulmón

အသည်း

hígado

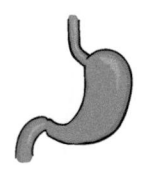

အစာအိမ်

estómago

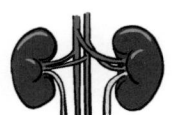

ကျောက်ကပ်များ

riñones

လိင်

sexo

ကွန်ဒုံး

preservativo

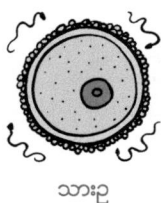

သားဥ

óvulo

သုတ်ရည်

semen

ကိုယ်ဝန်

embarazo

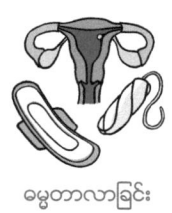

ဓမ္မတာလာခြင်း
menstruación

မိန်းမကိုယ်
vagina

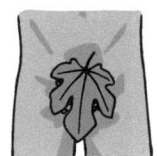

လိင်တံ
pene

မျက်ခုံး
ceja

ဆံပင်
pelo

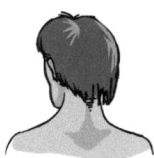

လည်ပင်း
cuello

ဆေးရုံ

hospital

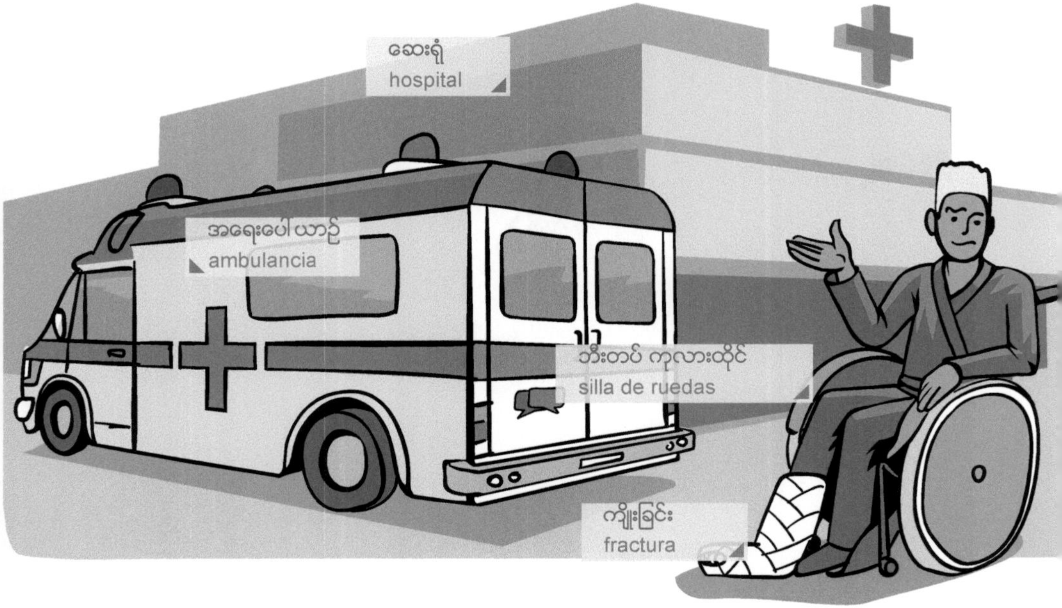

ဆေးရုံ
hospital
အရေးပေါ်ယာဉ်
ambulancia
ဘီးတပ် ကုလားထိုင်
silla de ruedas
ကျိုးခြင်း
fractura

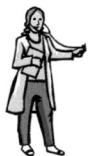

ဆရာဝန်

médico

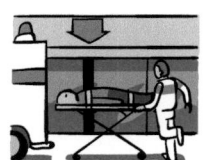

အရေးပေါ် ဆေးကုသခန်း

sala de guardia

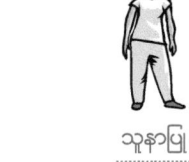

သူနာပြု

enfermera

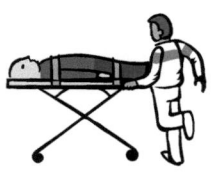

အရေးပေါ်

emergencia

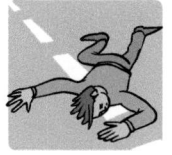

သတိလစ်ခြင်း

inconsciente

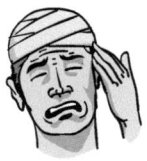

နာခြင်း

dolor

ဒဏ်ရာ

lesión

သွေးယိုထွက်ခြင်း

hemorragia

နှလုံးရပ်ခြင်း

infarto

လေဖြတ်ခြင်း

ACV

ဓာတ်မတည့်ခြင်း

alergia

ချောင်းဆိုးခြင်း

tos

အဖျား

fiebre

တုတ်ကွေးရောဂါ

gripe

ဝမ်းပျက်ဝမ်းလျှောခြင်း

diarrea

ခေါင်းကိုက်ခြင်း

dolor de cabeza

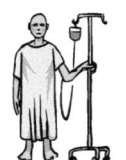

ကင်ဆာရောဂါ

cáncer

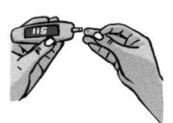

ဆီးချိုရောဂါ

diabetes

ခွဲစိတ်ဆရာဝန်

cirujano

ခွဲစိတ်ခန်းသုံးဓါးပါး

bisturí

ခွဲစိတ်ခြင်း

operación

စီတီ
TC

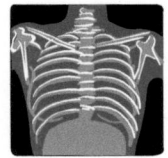

ဓာတ်မှန်
rayos x

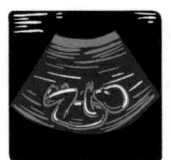

အာထရာဆောင်း
ecografía

မျက်နှာဖုံး
barbijo

ရောဂါ
enfermedad

စောင့်ဆိုင်းရန် အခန်း
sala de espera

ချိုင်းထောက်
muleta

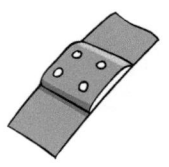

ပလာစတာ
curita

ပတ်တီး
venda

ထိုးဆေး
inyección

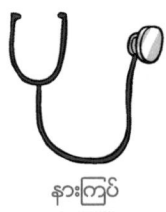

နားကြပ်
estetoscopio

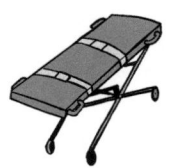

လူနာတင်ထမ်းစင်
camilla

ကုသရေးပိုင်းသုံး
အပူချိန်တိုင်းသာမိုမီတာ
termómetro

မွေးဖွားခြင်း
nacimiento

အဝလွန်ခြင်း
sobrepeso

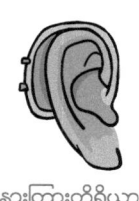

နားကြားကိရိယာ

audífono

ပိုးသတ်ဆေး

desinfectante

ရောဂါကူးစက်ခြင်း

infección

ဗိုင်းရပ်စ်ပိုး

virus

အိတ်ချ်အိုင်ဗွီ /
အေအိုင်ဒီအက်စ်

VIH / SIDA

ဆေးဝါး

remedio

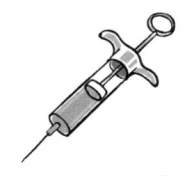

ကာကွယ်ဆေးထိုးခြင်း

vacunación

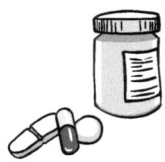

ဆေးလုံးများ

comprimidos

ဆေးလုံး

pastilla anticonceptiva

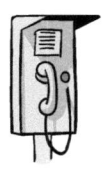

အရေးပေါ် ဖုန်းခေါ်ဆိုမှု

llamada de emergencia

သွေးဖိအား စောင့်ကြည့်သည့်
ကိရိယာ

tensiómetro

နာမကျန်းသော / ကျန်းမာသော

enfermo / sano

ကူညီကြပါ။

¡Ayuda!

အရေးပေါ်ခေါင်းလောင်း

alarma

ရိုက်နက်သည်

agresión

တိုက်ခိုက်သည်

ataque

အန္တရာယ်

peligro

အရေးပေါ်ထွက်ပေါက်

salida de emergencia

မီး။

¡Fuego!

မီးသတ်ဗူး

matafuego

မတော်တဆဖြစ်ရပ်

accidente

ကြက်ခြေနီ ဆေးပုံး

botiquín de primeros
auxilios

အက်စ်အိုအက်စ်

SOS

ရဲ

policía

ဥရောပတိုက်

Europa

မြောက်အမေရိကတိုက်

América del Norte

တောင်အမေရိကတိုက်

América del Sur

အာဖရိကတိုက်

África

အာရှတိုက်

Asia

သြစတြေးလျတိုက်

Australia

အတ္တလန္တိတ် သမုဒ္ဒရာ

Atlántico

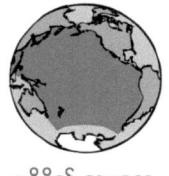

ပစိဖိတ် သမုဒ္ဒရာ

Pacífico

အိန္ဒိယ သမုဒ္ဒရာ

Océano Índico

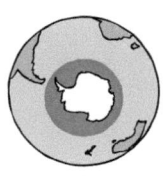

အန္တာတိတ် သမုဒ္ဒရာ

Océano Antártico

အာတိတ် သမုဒ္ဒရာ

Océano Ártico

မြောက်ဝင်ရိုးစွန်း

polo norte

တောင်ဝင်ရိုးစွန်း

polo sur

အန္တာတိကတိုက်

Antártida

ကမ္ဘာမြေကြီး

Tierra

ကုန်းမြေ

tierra

ပင်လယ်

mar

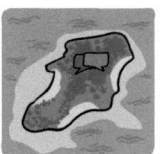

ကျွန်း

isla

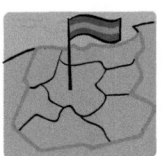

နိုင်ငံကူးလက်မှတ်

nación

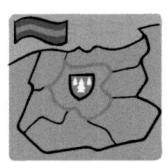

ပြည်နယ်

estado

နာရီမျက်နာပြင်

esfera

နာရီလက်တံ

manecilla de las horas

မိနစ်လက်တံ

minutero

ဒုတိယလက်တံ

segundero

ဘယ်အချိန်ရှိပြီလဲ။

¿Qué hora es?

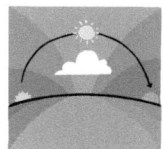

ရက်

día

အချိန်

hora

ယခု

ahora

ဒစ်ဂျစ်တယ် လက်ပတ်နာရီ

reloj digital

မိနစ်

minuto

နာရီ

hora

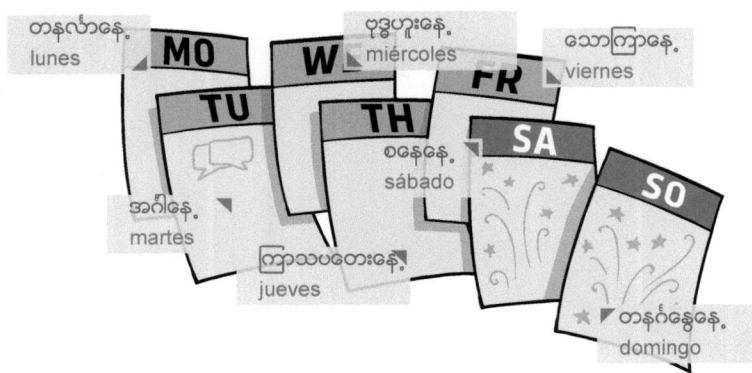

တနင်္လာနေ့
lunes

ဗုဒ္ဓဟူးနေ့
miércoles

သောကြာနေ့
viernes

အင်္ဂါနေ့
martes

ကြာသပတေးနေ့
jueves

စနေနေ့
sábado

တနင်္ဂနွေနေ့
domingo

မနေ့က

ayer

ယနေ့

hoy

မနက်ဖြန်

mañana

မနက်

mañana

နေ့လည်

mediodía

ညနေ

tarde

အလုပ်လုပ်ရက်များ

días hábiles

စနေ တနင်္ဂနွေ အားလပ်ရက်

fin de semana

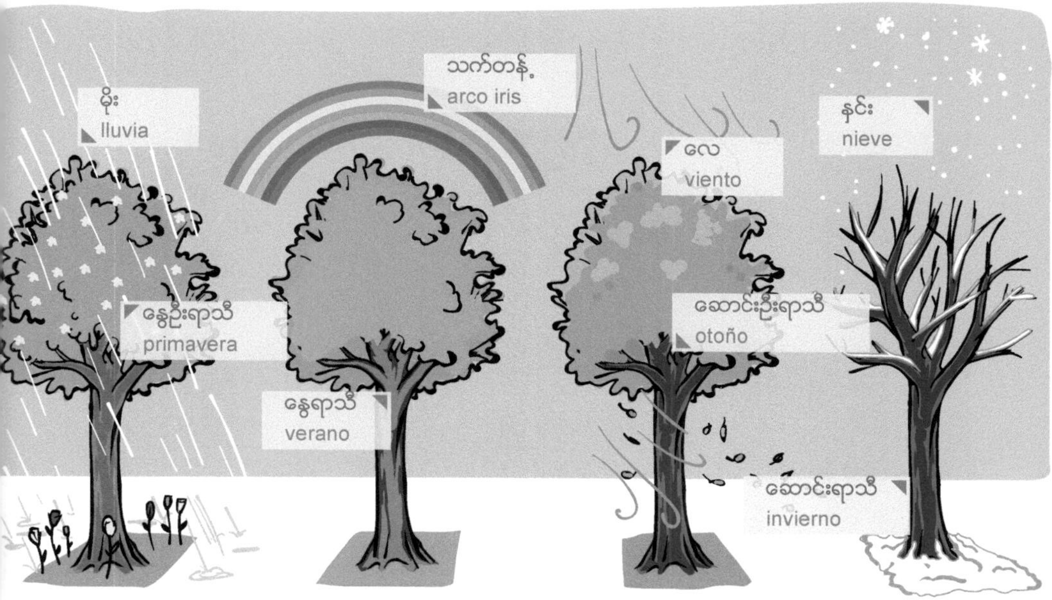

မိုး
lluvia
သက်တန့်
arco iris
လေ
viento
နှင်း
nieve
နွေဦးရာသီ
primavera
နွေရာသီ
verano
ဆောင်းဦးရာသီ
otoño
ဆောင်းရာသီ
invierno

4.APRIL 11°
5.APRIL 4°
6.APRIL 13°
7.APRIL 8°
8.APRIL 10°

လေဝသ ကြိုတင်ခန့်မှန်းချက်

pronóstico meteorológico

F
C
120
90
60
30
0
-30
40
30
20
10
0
-10
-20

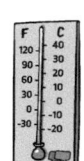

အပူချိန်တိုင်း ကိရိယာ

termómetro

နေရောင်ခြည်

luz del sol

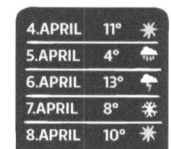

တိမ်

nube

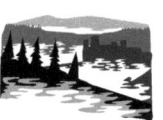

မြူ

niebla

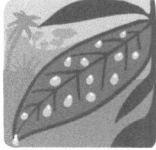

စိုထိုင်းဆ

humedad

လျှပ်စီးလက်ခြင်း

rayo

မိုးကြိုး

trueno

မုန်တိုင်း

tormenta

မိုးသီး

granizo

မိုးရာသီ

monzón

ရေကြီးခြင်း

inundación

ရေခဲ

hielo

ဇန္နဝါရီလ

enero

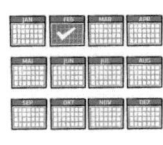

ဖေဖော်ဝါရီလ

febrero

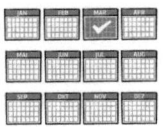

မတ်လ

marzo

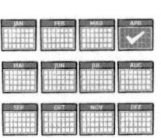

ဧပြီလ

abril

မေလ

mayo

ဇွန်လ

junio

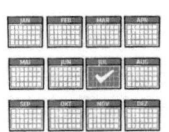

ဇူလိုင်လ

julio

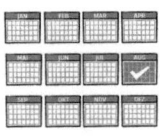

သြဂုတ်လ

agosto

နှစ် - año

စက်တင်ဘာလ
....
septiembre

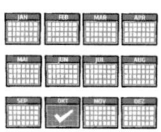

အောက်တိုဘာလ
....
octubre

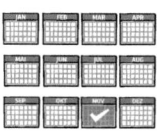

နိုဝင်ဘာလ
....
noviembre

ဒီဇင်ဘာလ
....
diciembre

ပုံစံများ
formas

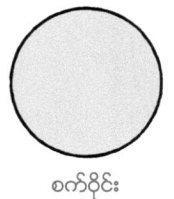

စက်ဝိုင်း
....
círculo

စတုရန်း
....
cuadrado

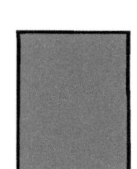

ထောင့်မှန်စတုဂံ
....
rectángulo

တြိဂံ
....
triángulo

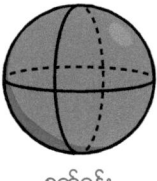

စက်ဝန်း
....
esfera

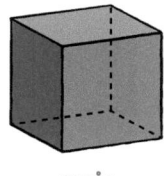

အတုံး
....
cubo

အဖြူရောင်

blanco

အဝါရောင်

amarillo

လိမ္မော်ရောင်

naranja

ပန်းရောင်

rosa

အနီရောင်

rojo

ခရမ်းရောင်

violeta

အပြာရောင်

azul

အစိမ်းရောင်

verde

အညိုရောင်

marrón

မီးခိုးရောင်

gris

အနက်ရောင်

negro

အများအပြား / အနည်းငယ်

mucho / poco

စိတ်ဆိုးသော /
စိတ်တည်ငြိမ်သော

enojado / tranquilo

လှပသော / ရုပ်ဆိုးသော

lindo / feo

အစ / အဆုံး

principio / fin

အကြီးသော / အငယ်

grande / chico

တောက်ပသော / မှောင်မဲသော

claro / oscuro

ညီအစ်ကို / ညီအစ်မ

hermano / hermana

သန့်ရှင်းသော / ညစ်ပတ်သော

limpio / sucio

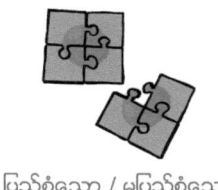

ပြည့်စုံသော / မပြည့်စုံသော

completo / incompleto

နေ့ / ည

día / noche

သေသော / ရှင်သော

muerto / vivo

ကျယ်သော / ကျဉ်းသော

ancho / angosto

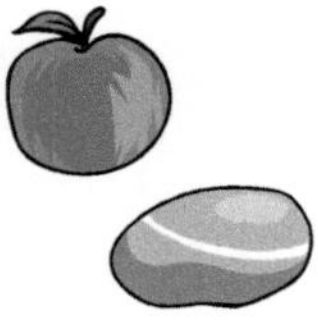

စားသုံးနိုင်သော / မစားသုံးနိုင်သော

comestible / no comestible

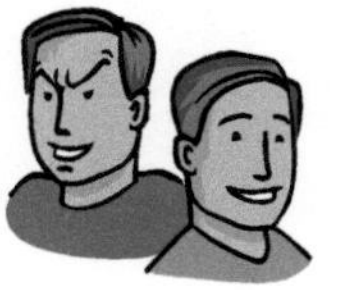

စိတ်ယုတ်သော / ကြင်နာသော

malo / amable

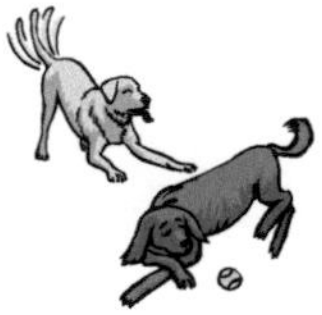

စိတ်လှုပ်ရှားဖွယ် / ပျင်းရိဖွယ်

entusiasmado / aburrido

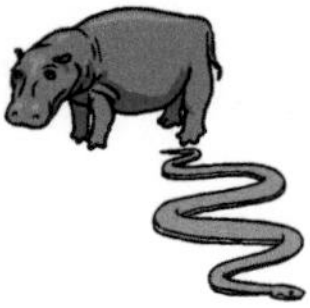

ဝသော / ပိန်သော

gordo / flaco

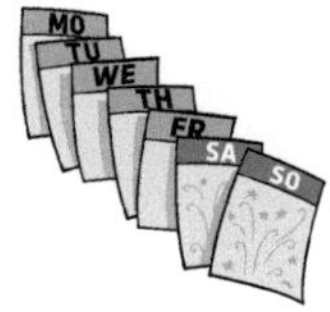

ပထမ / နောက်ဆုံးပိတ်

primero / último

မိတ်ဆွေ / ရန်သူ

amigo / enemigo

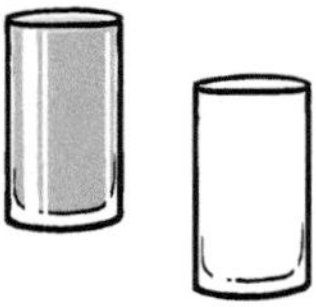

အပြည့် / ဘာမှမရှိ

lleno / vacío

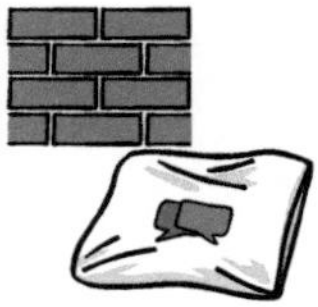

မာသော / ပျော့သော

duro / blando

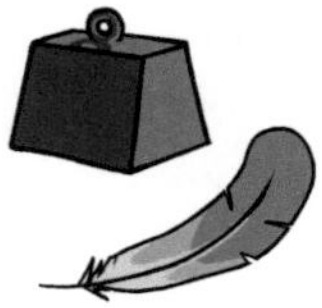

လေးလံသော / ပေါ့ပါးသော

pesado / liviano

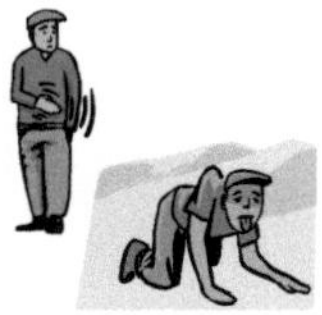

ိုဆာလောင်သော / ရေဆာသော

hambre / sed

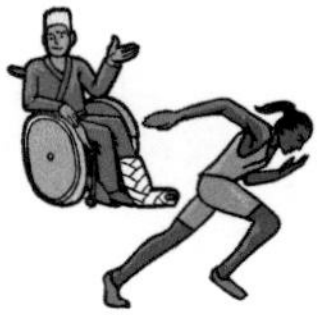

နာမကျန်းသော / ကျန်းမာသော

enfermo / sano

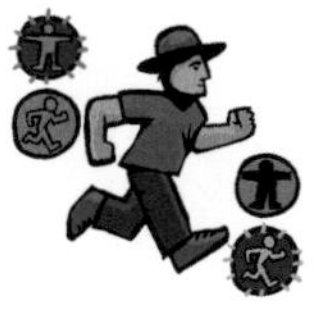

တရားမဝင်သော / တရားဝင်သော

ilegal / legal

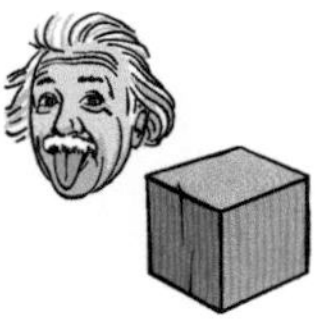

ဉာဏ်ကောင်းသော / ထိုင်းသော

inteligente / estúpido

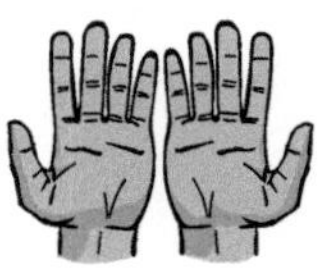

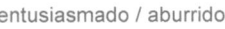

ဘယ် / ညာ

izquierda / derecha

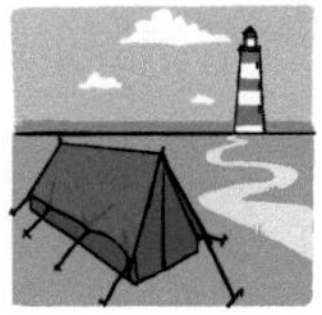

နီးသော / ဝေးသော

cerca / lejos

အသစ် / အသုံးပြုပြီးသား

nuevo / usado

ဘာမှမရှိ / တစ်ခုခု

nada / algo

အသက်ကြီးသော / ငယ်ရွယ်သော
viejo / joven

ဖွင့်သော / ပိတ်သော

encendido / apagado

ဖွင့်သော / ပိတ်သော

abierto / cerrado

တိတ်ဆိတ် / ကျယ်လောင်

silencioso / ruidoso

ချမ်းသာ / ဆင်းရဲ

rico / pobre

အမှန် / အမှား

correcto / incorrecto

ကြမ်းတမ်း / ချောမွေ့

áspero / suave

ဝမ်းနည်း / ဝမ်းသာ

triste / contento

အတို / အရှည်

corto / largo

အနေး / အမြန်

lento / rápido

စွတ်သော / ခြောက်သွေ့သော

mojado / seco

နွေးထွေးသော / အေးမြသော

caliente / frío

စစ် / ငြိမ်းချမ်းရေး

guerra / paz

ဆန့်ကျင်ဖက်များ - opuestos

0

သုည

cero

1

တစ်

uno

2

နှစ်

dos

3

သုံး

tres

4

လေး

cuatro

5

ငါး

cinco

6

ခြောက်

seis

7

ခုနစ်

siete

8

ရှစ်

ocho

9

ကိုး

nueve

10

တစ်ဆယ်

diez

11

ဆယ့်တစ်

once

12

ဆယ့်နှစ်

doce

13

ဆယ့်သုံး

trece

14

ဆယ့်လေး

catorce

15

ဆယ့်ငါး

quince

16

ဆယ့်ခြောက်

dieciséis

17

ဆယ့်ခုနစ်

diecisiete

18

ဆယ့်ရှစ်

dieciocho

19

ဆယ့်ကိုး

diecinueve

20

နှစ်ဆယ်

veinte

100

ရာ

cien

1.000

ထောင်

mil

1.000.000

မီလျံ

millón

အင်္ဂလိပ် ဘာသာစကား

inglés

အမေရိကန် အင်္ဂလိပ်
ဘာသာစကား
inglés americano

တရုတ် မန်ဒရင်း ဘာသာစကား

chino mandarín

ဟိန္ဒူ ဘာသာစကား

hindi

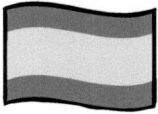

စပိန် ဘာသာစကား

español

ပြင်သစ် ဘာသာစကား

francés

အာရာဗီ ဘာသာစကား

árabe

ရုရှ ဘာသာစကား

ruso

ပေါ်တူဂီ ဘာသာစကား

portugués

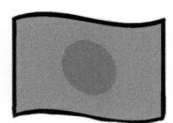

ဘင်္ဂါလီ ဘာသာစကား

bengalí

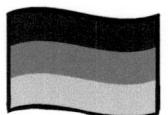

ဂျာမန် ဘာသာစကား

alemán

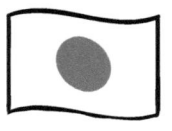

ဂျပန် ဘာသာစကား

japonés

ကျွန်ုပ်

yo

သင်

vos

သူ / သူမ / ၎င်း

él / ella

ကျွန်ုပ်တို့

nosotros

သင်တို့

ustedes

သူတို့

ellos

ဘယ်သူလဲ။

¿quién?

ဘာလဲ။

¿qué?

ဘယ်လိုလဲ။

¿cómo?

ဘယ်နေရာလဲ။

¿dónde?

ဘယ်အချိန်လဲ။

¿cuándo?

HELLO, I AM

အမည်

nombre

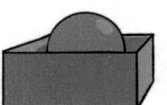

အနောက်ဖက်

detrás

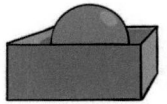

အတွင်း

en

အရှေ့ဖက်

adelante de

အထက်ဖက်

por encima de

အပေါ်ဖက်

sobre

အောက်ဖက်

debajo de

ဘေးဖက်

al lado de

ကြား

entre

နေရာ

lugar